हथेली में इन्द्रधनुष

हथेली में इन्द्रधनुष

सीताकान्त महापात्र

अनुवाद

सुजाता शिवेन

वाणी प्रकाशन

वाणी प्रकाशन
4695, 21-ए, दरियागंज, नयी दिल्ली 110 002

शाखा

अशोक राजपथ, पटना 800 004

फ़ोन: +91 11 23273167 फ़ैक्स: +91 11 23275710

www.vaniprakashan.in
vaniprakashan@gmail.com

HATHELI MEIN INDRADHANUSH
by Sitakant Mahapatra
Translated by Sujata Shiven

ISBN : 978-93-5072-783-6
Poetry

प्रथम संस्करण
मूल्य : ₹300

थॉमसन प्रेस, दिल्ली-110 020 में मुद्रित

वाणी प्रकाशन का लोगो मक़बूल फ़िदा हुसेन की कूची से

प्राक्कथन

यशस्वी कवि सीताकान्त महापात्र की कविताओं से गुजरना कालखण्ड के एक विस्तृत मैदान और समय की नाना प्रकार की सुरंगों में से गुजरना है। वहाँ एक व्यापक फलक है जहाँ अनगिन विषयों, रूप और शैलियों की आभा है। यह कविता एकाधिक मायनों में भारतीय कविता है क्योंकि उनकी कविता में उपस्थित इस महादेश के लोक, परम्परा, परिवार और जन-जीवन के दृश्य और तत्सम्बन्धी प्रश्न इसे वह वांग्मयता प्रदान करते हैं जो सीताकान्त महापात्र को बीसवीं सदी के उत्तरार्द्ध और इस नयी सदी के प्रारम्भ के भारत का प्रतिनिधि कवि बनाते हैं।

इन चयनित कविताओं में अनेक बिम्ब और रूपक इस तरह मिले हैं कि वे मेरे जैसे पाठक को अन्यत्र, किसी भी भाषा की कविता में नहीं दिखे। दुर्लभता, औचकपन, व्यंजनामूलक, अर्थगर्भिता और विस्मय ने हतप्रभ तो किया ही, अविरल सुख से भी भर दिया। 'पेंगुइन' कविता में अपने मृत शिशु के शव को छोड़कर जाते हुए ये पंक्तियाँ : 'अब चलती साधारण डग भरती चाल/जिस चाल की चार्ली चैपलिन भी/पूरी तरह नकल नहीं कर पाये थे।' हमें एक अनसोचे रूपक और एक नितान्त नयी मार्मिकता के बरअक्स खड़ा कर देती हैं। या देखें : 'उसी बीच आतंकवादियों का हमला/और दोनों गिलहरियों का खेल/इतिहास में पृष्ठ में त्वरित लिखा जाता है।' करुणा के अनेक रूप सीताकान्त जी कविताओं में सहज सम्भव हुए हैं, मानो मूलतः वे करुणा के ही गायक हैं। यद्यपि लगभग प्रत्येक कविता में ही मार्मिक पंक्तियाँ उपलब्ध हो जाती हैं लेकिन 'पिता की मृत्यु' 'सभी चले जाते हैं' जैसी कविताओं को इस प्रसंग में विस्मृत करना मुश्किल है। ये हमारे अनुभव संसार में कुछ अमिट योगदान करती हैं।

आध्यात्मिक, रहस्य और चिरन्तन प्रश्नों पर विचार करने से सीताकान्त परहेज नहीं करते और मिथकीय सन्दर्भ भी उनकी कविता का प्रमुख हिस्सा हैं लेकिन जीवन की दुरवस्था के सवालों पर, विडम्बनाओं पर उनकी निगाह

यथार्थवादी है : 'उस जमींदार से थोड़ी सी भी जगह मत माँगो/कुछ न पाने की हताशा, दुख वह नहीं जानता/पाकर खो देने के हमारे मनःस्ताप को वह नहीं जानता।' यहाँ हमारे शब्द के प्रयोग से कवि अपनी पक्षधरता बताने में भी कोई संकोच नहीं करता है। अपनी जड़ों, मिट्टी और स्मृति से लगातार प्रेरित और सराबोर रहना, सीताकान्त महापात्र की कविता का अन्य ध्यातव्य लक्षण है। चित्रोत्पला नदी, बचपन से झाँकते लोग, माँ, पेड़, अन्य नदियाँ, स्त्रियाँ, प्रकृति और बारिश की संगीतमयी उपस्थिति इसे सघन बनाती है। रात, तारे, नक्षत्र और चन्द्रमा से उनकी कविता का आकाश भरा हुआ है। दूर-दूर तक चाँदनी छिटकती है और तारे टूटते हैं। वहाँ चींटी का जीवन भी मनुष्य की मृत्यु के बरअक्स खड़ा है लेकिन जीवन की अमरता का शाश्वत भान ओझल नहीं है। 'लम्बोदर व्यवसायी' जैसा व्यंग्यात्मक आलम्ब और पिल्ले से लेकर सिंह-शावक, दूब से लेकर नक्षत्रों और चरवाहे से बुजुर्ग एस्किमो तक का वितान फैला हुआ है। मक्खन से कोमल और हीरे से कठोर का उपमाजगत हमारे समक्ष है। हथियारबन्द असुरक्षित दुनिया की सच्चाई भी पेश है। नयी जगह के संकट और उत्साह की अचूक समझ भी जाहिर है।

एक कवि श्रेष्ठ निरीक्षक भी होता है, इस बात की पुष्टि सीताकान्त जी की कविताएँ बार-बार करती हैं। जीवन से भरपूर ये कविताएँ अपनी वनस्पतियों, अपनी जनता और अपने परिवेश की पहचान को प्रखर बनाती हैं, उन्हें रेखांकित करती हैं और एक प्रभावी काव्यभाषा में उनका पुनःसृजन भी करती हैं। दरअसल, हम एक विराट कविता के सामने हैं जिसके अपने भू-दृश्य, घाटियाँ समुद्र, आकाश, पठार और हरीतिमा है और वह रक्तरंजित जमीन भी जिसे कोई भी कवि अपने गहरे मानवीय प्रेम और आसक्ति से भर देना चाहता है। सीताकान्त महापात्र जैसा कवि अपने कर्म से इसे कहीं अधिक सार्थक और उल्लेखनीय बना देता है।

निश्चय ही, इन चयनित कविताओं से हिन्दी पाठकों का सीताकान्त महापात्र के उन प्रखर, काव्यात्मक पक्षों से भी परिचय हो सकेगा, जिससे वे सम्भवतः अभी तक साक्षात्कार न कर पाये होंगे। अनुवाद एक जटिल, पुनर्रचनात्मक कार्य भी है। सुजाता शिवेन के ये अनुवाद काफी हद तक तरल, गतिमान और सहज लगते हैं।

—कुमार अम्बुज

अनुक्रम

बारिश की बूँद री बारिश की बूँद

कह दे कहाँ तूने जन्म लिया
कहाँ है तुम्हारा सौरघर, सूरज का आग का गोला
क्या था तिथि-वार?
तेरा सौरघर
क्या बंगोपसागर
या हिन्द महासागर?
संगी-साथियों के साथ निकल पड़ी
काफी लम्बी यात्रा पथ पर
हवा के कन्धे की पालकी में बैठकर
हमारी ओर।

बारिश की बूँद री बारिश की बूँद, कह दे
तुझे क्या पता था
उड़कर जाते-जाते आषाढ़ शुक्ल सप्तमी
उन्नीस सौ छियालीस साल, गुरुवार
कटक जिला के बालुबिशि परगना माहांगा गाँव का
पुराना एक मिट्टी का घर, गीले पुआल की छत
और उस पर पोइ साग का मचान

नीचे से उठ रहे धुएँ को लाँघकर
टपक पड़ेंगे सारे हमारे घर-आँगन में?
तुझे क्या पता था।
ठीक उसी समय

स्कूल में पढ़ रहे खिलंदड़
बच्चे की हथेली पर
अकेली टप से गिर जाओगी
और वह तुझे कितने स्नेह से
पोत लेगा चन्दन की तरह अपने गालों में।

पूछते हो कविता किसके लिए है

पूछते हो कविता क्यों लिखें
किसके लिए?
कविता क्या किसी के लिए लिखी जाती है?
कविता क्यों, क्या यह प्रश्न पूछा जाता है,
बहुत दिन हुए एक कवि
रिल्के ने दिया था संक्षिप्त
उत्तर :
अगर सोचते हो कविता न लिखने से भी काम चल जाएगा,
तो लिखो मत।

लिखते हैं कल को साक्षी रहने के लिए
मानव के भाग्य का,
आम की गुठली, मांड भी न पाकर
वे अनाहार में मरे हैं कि नहीं
उसी बाबत तमाम युक्ति तर्क की।

कविता लिखते हैं
बेकार, बावरा, कौड़ी भर का मूल्य नहीं
हाथों में साग भी न सीझे उन शब्दार्थों के लिए।
वह भी लगभग सुनाई न पड़े आवाज में।

लिखते हैं किसी के पीछे छुपकर खड़े होकर
एक शब्द कहने के लिए, "मैं यहीं हूँ
तू अकेला नहीं, मेरे भाई।"

लिखते हैं झीना रेशम, कुंडल के लिए नहीं
लिखते हैं, गाय के पगुराने से न डरकर
दूब घास एक पूरे दिन खटकर एक मिलीमीटर का
दसवाँ भाग अपने को बढ़ाती रहती
तुच्छ कर प्राण अपने विश्व नियन्ता को
उसी के साहस, उसी आनन्द में
भागीदार होने के लिए।

लिख रहे हैं इसी भरोसे पर कि
हमारे न होने पर शायद
हमारे शब्द किसी न किसी को
सान्त्वना की एक वाणी सुनाएगा
कोई एक कहेगा
जीवन को प्यार करता था वह शख्स।

बेतरतीब लोरी

धो रे पागल धो
जिस क्यारी में
अनगिनत तम्बू
उसी क्यारी में सो।

भूख लगी है क्या तुझे?
तेरी दीदी, तेरी माँ को
उठाकर ले गये उन ब्रह्मराक्षसों ने
निगल डाला है साबुत
तलवार, छुरी की मार से
तेरा बाप चला गया स्वर्ग
पर तेरा दस साल का भाई
दानशील मनुष्य के ट्रक से उतारे गये खाने की
कुछ चीजें लाने के लिए
खड़ा है पंक्ति में।

रो मत बबुआ रो मत
तेरे ही भलाई के लिए,
तेरे उज्ज्वल भविष्य के लिए
तेरे जैसे नन्हे जो बच्चे
इन असंख्य तम्बुओं के नीचे आसरा लेकर
बिलख रहे हैं,
इतिहास में प्रसिद्ध तुम्हारे अफ्रीका के
सारे काले लोगों के लिए

अन्तहीन वितर्क चालू है
गगनचुम्बी इमारतों के
शीत ताप नियन्त्रित कमरों में
धैर्य रख, जरा चुप हो जा
कल को सब ठीक हो जाएगा

बबुआ रे रो मत
ठिठुरती ठंड है तो क्या हुआ
बाहर धूप खिली है।
सोने की तरह चमकती धूप
सुनाई पड़ा अभी बैलून फूटने की तरह
गोली-बारूद का शब्द बहुत दूर में
अपने ही लोग जुट गये हैं वंश डुबाने के लिए
झगड़ा, फसाद, लड़ाई में
कुछ सूर्यालोक तेरे लिए
तम्बू के छेद में से घुसा है भीतर चोर की तरह।

सुन जरा कान लगाकर
उधर तम्बू के भीतर सुनाई पड़ने लगी है
नवजात के रोने की आवाज
कितना सुन्दर फिर भी निर्दय
इस पृथ्वी को समझने का वक्त आ गया है,
देवदूतों की पोपली हँसी में
दु:ख में? मजाक में?
चौदह भुवन स्वप्न में महकने लगा है,
उस तरफ नील नदी कैसे बतियाती चल रही है
कि यह पृथ्वी हर युग में
ऐसे ही तो थी, किसी की बातों से
वह क्या बदल जाएगी इतनी आसानी से?
बया पक्षी रे बया पक्षी
तेरी माँ गयी है राक्षसकुल की

भोज्य वस्तु बनकर।
अपने आँचल में
तुझे ओढ़ाकर, खून देकर।
बया पक्षी रे बया पक्षी
वह देख तेरी माँ कैसे लौट आ रही है
तेरी नन्ही हँसी को याद करके

दिन एक शुरू होता है

शेफाली के पेड़ में फूल खत्म हो चुके थे।
उसकी जगह
एक डाल में ब्रेसियर एक झूल रहा था
जरूर किसी दुष्ट लड़के का काम है।

शायद कहीं और कोई दुष्ट दुःशासन
या खिलंदड़ कृष्ण
वस्त्रहरण या द्रोपदी को नग्न
करने में व्यस्त होंगे।

साइकिल की कैरियर में
कच्चा केला, केले का फूल, केला पत्ता लादकर
आदमी एक हाट की तरफ जा रहा था
और एक झूल रही बोरी में से
पोइ साग या लौकी का डंठल नहीं
दिख जा रही थी बकरी की दो आँखें,
आधा चेहरा
में-में की आवाज घुली जा रही थी
मन्दिर की आरती, घंटा-घड़ियाल के साथ,
वाल्मीकि गुम चुके होते हैं पीले पुराण के पृष्ठ में।

कहीं टूटे मन्दिर में
नन्हे लड़के के गले में कटार की चोट तो
कहीं पर्वत की ऊँचाई समान

टूटे मकानों के मलबे के नीचे
आदमी, अनगिनत आदमी।
इलेक्ट्रिक खम्भे के नीचे चमचमाते कई पंख
असंख्य शव
रात में कुछ पल उड़े चींटियों के।

अजन्मे शिशु के लिए

घनघोर अँधेरा हर वक्त
सच है, बहुत छोटी एक कोठरी है घर तेरा
स्थानः गर्भगृह; समयः गर्भवास दस महीना;
सोचता होगा दस महीने बाद
उद्भासित आलोक की ओर
कारागार से विमुक्ति
खत्म होगा असमाप्त उबाऊ इन्तजार

अभी तो किसी का अनदेखा हाथ
तुझे पकड़े हुए है अनुराग से
खिला रही है, पिला रही है;
तेरे लिए थोड़ा ज्यादा खुद खा रही है
क्या दिन, क्या रात गढ़ती जा रही
कुम्हार की तरह, बुनकर की तरह
नस, शिरा, स्नायु के मीलों तारों से
बुनती जाती, जोड़ती जाती
सर्षुपद के गाँव में भी बुड्ढा सांओता
तेरे लिए भात का एक और दोना
और थोड़ा ज्यादा ताड़ी
तेरी माँ के सामने रख रहा है।

उसी अँधेरी कोठरी में सब सुनकर
माँ तुझे कह रही, कह न पा रही बातें
तेरे पिता और घर के लोगों से कह रही बातें

उदासीन संसार से कह रही बातें
कान लगाकर सुनना; भूल मत जाना
जाने रहो वही सुनी हुई बातें
कल को काम आएँगी।
बाहर आ जाने के बाद देखना
यहाँ अँधेरा कुछ कम नहीं है
कभी-कभी लगेगा इतना घना कि
टटोल-टटोलकर जाना पड़ रहा है
शायद किसी का हाथ पकड़कर आगे बढ़ना
कुछ दिन ही सम्भव होगा।
पर उसके बाद चलना होगा अकेले,
अकेला अधमरा गोधूलि में खौ-खड्ड कितने
ऊबड़-खाबड़ रास्ते, में उतार-चढ़ाव।

पंचेन्द्रियों को खुला रखना
हृदय, मन खुला रखना
निर्जन अँधेरे रास्ते में भी
आकाश के नक्षत्रों को निहारना,
वर्षा में भीगना, धूप में सिझना
आनन्द मन से लड़ना गाढ़े अँधेरे से
जम्हाई ले रहे निर्जनता के साथ जूझना।

और एक बात :
आखिरी वक्त आने पर
मुझे गर्भवास का दु:ख और न दें प्रभु
उससे विमुक्त कर दे कहकर
प्रभु को पुकारना मत।

नया साल

जैसे अनमोल चीज कोई छोड़ आया,
अनुराग से बीना हुआ कुछ जो हाथ की
मुट्ठी से फिसल गया
ढूँढ़ने का समय नहीं मिला,
जैसे कँटीले झाड़-झंखाड़ वाली राह में
हाथ पकड़कर चल रहे साथी को
खींच-घसीटकर ले गया कोई।

पेड़ की टहनी का एक पीला पत्ता हूँ मैं
नजर रखना पड़ता है
कल सुबह की हल्की हवा में
हिल रहे साथी पीले पत्ते
सभी अपनी जगह पर हैं या

डाली से अलग हो कर
एकाध कहीं गिर पड़े हैं।

जानता हूँ, कई साल बाद
बगदाद या बारपेटा या बांदुग में
बीस या चालीस या सौ
निरीह प्राणी मरे पड़े होंगे
कार-बम, ट्रक-बम, मानव बम
आदि अस्त्रों से

मृत्यु और भी आदत में शुमार हो चुकी होगी
और नये साल में हर व्यक्ति का वियोग
गिना जा रहा होगा केवल रिक्तता में।

जानता हूँ, कल को
निठारी या निखारी में या नासिक में
मासूम बच्चों की हँसी, हाथ-पैर
उत्खनन में मिले अवशेष की तरह
मिल रहा होगा मिट्टी के नीचे से और इधर
उल्लास, हर्ष, पुलक के भीषण बाढ़ में
नया साल आ रहा होगा चार सितारा
पंच सितारा जितने सारे होटलों में।

जानता हूँ, कल को
सूर्य उगेंगे पहले की तरह
कोहरे की परत को भेदकर
अस्त होंगे फिर अस्ताचल में
जानता हूँ चाँद उगेगा हमेशा की तरह पूर्वाशा में
डूब जाएगा पर्वत के उस पार
जानता हूँ यह पुरानी पृथ्वी
फिर भी दौड़ रही होगी फेरीवाले की तरह
घने अँधेरे में।

क्या अब प्रार्थना करूँ
पृथ्वी के सभी नन्हे बच्चे
हमेशा हँसते रहें खिलखिलाकर
उस हँसी में अँधेरा छँटकर
यह पृथ्वी उज्ज्वल दिखे?
सभी निरीह मृतकों की आत्मा
फिर से मलिन धरती पर लौट आये?

रात आकाश के तारों को ताकते
आनन्द से हमारी आँखों से आँसू झर जाएँ,
घनघोर अँधेरे में हमारा सपना
चाँद बन फिर उग आये?

कोई और

कहीं कोई न था
तुम चले गये थे मुझे खड़ा करके
सुनसान जंगल के भीतर। रुक-रुककर
सिर्फ सुनाई पड़ रहा था नौसिखिए बच्चों की तरह
गीत गा रहे चकवा-चकवी।

कहाँ हूँ मैं?
कितना दूर गाँव हमारा?
कहाँ है सौरगृह, प्रतीक्षारत श्मशान?
कहाँ हैं मुझे मिट-मिट ताक रहे तारे
पूरी जिन्दगी डराती रहीं पिशाचिनें
सहलाती थीं जो अप्सराएँ।

सोचा खड़ा न होकर
छोटी-बड़ी हो रही मेरी परछाइयों को
समेट-उमेटकर
चला जाऊँ, जिधर पाँव उठे।
कहीं न कहीं तो पहुँचूँगा
सूरज उगने के समय या
चाँद डूबने के समय या

नीला आकाश चेहरा छुपाते समय
मेघा के आँचल के नीचे।

जो पहुँचेगा वह कोई और होगा
मैं नहीं, मैं नहीं
सच कहता हूँ मैं नहीं।

लुकाछिपी

खुद को छिपाना सबसे कठिन है खुद से
सारे देह दुःख को
पेट-दर्द, कमर-दर्द को
आधे-अधूरे पागलपन को, क्लांति को
मुट्ठी में कैवल्य लेकर आत्मा की बेकसी को।

महाबाहु कहीं मुझे छिपा दो न
दयापरवश होकर;
कठफोड़वा के तैयार किए पेड़ के खोह में
हल्की हवा में झूल रहे
बया पक्षी के नीड़ में
नहीं तो कोटि-कोटि साल दूर ले जाके
'ब्लैक होल' के अथाह काले खड्ड में
जहाँ कहीं से भी रोशनी लौटकर नहीं आती
सबसे निरापद होगा वही
मुझे वहीं छिपा दो न!

कुछ नहीं तो छिपा दो
अपनी दृष्टि छाया में
अपनी कपटी माया के कोहरे में
अकरुण परम नीरवता में।

बुढ़िया के लड़के की हथेली में इन्द्रधनुष

बाड़ी की तोरई, ककड़ी, लोबिया
दूर हाट में बेचने के लिए ले गया
विनिमय में लाना था नमक, मिट्टी की हाँडी
कपड़ा धोने का साबुन एक।

साँझ को लौटा खाली हाथ
महुए की शराब की महक से घर भर गया
चारों दिशाओं में गमकने लगा।

कितने दिनों से जोड़-जोड़कर
'करमापर्व' के लिए धोती एक
खरीदी थी उसके लिए
करमा का नया धोती पहनकर आग्रह से
संगी-साथियों के मेल में
चला गया पास के अखाड़े में
युवक-युवतियों के नाच-गीत में
उसके दूसरे दिन सुबह लौटा घर को
मुँदी-मुँदी पलकें
मैली चीकट मुड़ी-तुड़ी धोती पहने।

खाने को जो कुछ था घर में
बढ़ता लड़का जरा अच्छे से खाए
इसलिए उसके लिए ज्यादा हिस्सा

उसके पिता को तनिक-मनिक देकर
पोटली बाँधकर दी
उसे लेकर चला गया वह खेत।

गाँव के मुहाने जाहेरा* में
खाने की सारी चीजें
'बोंगा' लोगों को दे दिया
घर लौटा
भूख से तड़पते
पूछने पर हाथ फैलाकर बोला
देखो न बोंगाओं ने खुश होकर मुझ पर
कितना सुन्दर इन्द्रधनुष
भेंट में दिया है मेरी हथेली पर।

*जाहेरा–संथाली गाँव के मुहाने शाल के पेड़ के जंगल में स्थित देवता का स्थान।

पुनर्जन्म

शिरोच्छेद का दंड पाए
पेड़ का शीर्ष असहाय होकर
धूल-धूसरित रास्ते के हाशिए पर पड़ा था।

जानता है अब परछाईं लम्बी हो रही है
दिन खत्म हो रहा है
थोड़ी देर में सूरज डूब जाएगा
अँधेरा घिर आएगा।

अंधेरा घिर जाने पर
अपनी अँधी आँखों से
अचानक उसे दिखता है
मृत उसके हृदय के शीर्ष से उग आये
छोटे हरे एक पेड़ में
कोमल पत्ते सारे
ठठाकर हँस रहे हैं उसी अँधेरे में।

राम मन्दिर-भुवनेश्वर

मन्दिर के भीतर तीनों,
साथ में पत्नी, छोटा भाई
छोटा परिवार
धनुर्धारी, पुरुषोत्तम, करुणा सागर।

कृपा करके एकबार भला कह देते
कोहरे में गुम हो गये अँधेरे अतीत में
तुमने ठीक कहाँ जन्म लिया था।
पहले की तरह तो अयोध्या है,
सरयू बह रही है
उस दिन राजा दशरथ ने जिस तरह
तुम्हारा जन्मोत्सव मनाया होगा,
आज हम भी वैसे ही उत्सव मुखर हैं।
राजकुमारों, प्रजाओं के लिए वह दिन
कितनी खुशी का दिन होगा
आलोक से उद्भासित राजपथ, महल, सदन।

मन्दिर के सामने आठ कुष्ठ रोगियों के परिचित चेहरे
एकाध अपनी ठूठी उँगलियों से
चवन्नी, अठन्नी चुनने में व्यस्त
कुछ दान मिलने की आस्था से
सभी का चेहरा खिला हुआ।

मन्दिर के उस तरफ का सैलून और

फलरस व्यवसायियों के उच्छिष्ट से
ढेर बन गया है पहाड़ सा
किस दिन साफ होगी गन्दगी
कौन भला जानता है।

हे पुरुषोत्तम, धनुर्धारी, कमलनयन
धक्कामुक्की कर मन्दिर के भीतर घुसकर,
हाथों को जोड़कर
क्या भला माँगूँगा तुमसे!
माँगू क्या अग्निदेव लौटा दे,
उन निरीह आत्माओं को,
जिन्हें उन्होंने लिया है
ट्रेन से, गोधरा स्टेशन से
उन मेहनती लोगों को जिन को
उठा ले गये बरोदा के वेस्ट बेकरी से
या मृत्यु वापस लौटा दे
उस नन्हे पिल्ले को
जो खून से लथपथ एक मांस का लोथड़ा
बन गया रास्ता पार करते समय
ठीक मेरी आँखों के आगे
मन्दिर के सामने?

या फिर माँगूँ हर एक कुष्ठ रोगी
डग भरते चले आएँ
हाथों में पुष्पांजलि लिए
मन्दिर के अभ्यन्तर में?
तुम अगर अन्तर्यामी हो
तुम्हें तो सब है पता
माँगने की जरूरत क्या
तुम्हारी करुणा होने पर
तर जाएँगे वे सब इस संसार से।

वह अकेला

देखो वह अकेला है
कहीं कोई नहीं है।
सारे घरों के दरवाजे खुले हुए हैं,
कोई नहीं है भीतर
पर आदमी थे वहाँ कल या परसों
अब है तेल चीकट तकिया
भात की हाँड़ी में पखाल*
वे सब गये कहाँ?

स्वर्ग, मर्त्य, पाताल सभी के लिए होता है रास्ता
वह जा सकता है किसी भी दिशा में उसकी इच्छा
हवा की अँगुली उसे सहला देती है
माँ की तरह, प्रेमिका की तरह
बेटी की तरह, नातिन की तरह
पर वे सब कहाँ गये वह जान नहीं पाता है।

मेघ बरसता उसे भिगो देता
गीला कर देता पेड़-पौधे टूटी दीवारें सभी को
बहुत शान्त लगता उसे
आँखों की पलकें मुँद जातीं
वह जान नहीं पाता है यह कौन सा सहास्राब्द,
कौन सा साल, कौन सी ऋतु, कौन सा दिन-वार है

---

*पखाल-ओड़िशा में पके हुए चावल में पानी डालकर खाया जाने वाला व्यंजन।

वह खुद किसका बेटा, किसका पोता, कितने साल का
पूछता समुद्र की लहरों से
छोटे केंकड़े से
उड़ रही तितली और पतंगों से।
रात होने पर चाँद सितारों से पूछता
सुबह देखता सूरज के पाँव के निशां पड़े हुए हैं
समुद्र किनारे की रेत पर।

अकेले शख्स को लगता
वह यहीं-कहीं पैदा हुआ था
आस-पास के किसी गाँव में
किसी एक विस्मृत शताब्दी के
अशुभ लग्न में

दयानदी

दयानदी, दयानदी
अमराई, नारियल और
धान, गन्ना, मूँग के खेत के किनारे
तू बहती जा रही है।
तेरे पानी में आकाश, चन्द्रमा फबते
नन्हे-नन्हे लहरों के शीर्ष पर।

दयानदी, दयानदी
किस दूर पहाड़ पर जन्म तेरा?
कहाँ है वह जन्म स्थान? कब है जन्मदिन?
सोचते-सोचते तू बहती जा रही
तुझसे प्यार करने वाले हमारे
'धउली' पहाड़ को पीछे छोड़कर;
जरूर सुनी है, कान लगाकर
दूर समुद्र की पुकार, गुन-गुन आवाज।

चाँद के डूब जाने के बाद
तेरे सीने में खेलती खून की लहर
वह अशुभ दुःख दुर्दिन की तरह।
लहरों में सुनाई पड़ता अशेष विलाप
विलाप में दिखाई देते असंख्य चेहरे
ढेर के ढेर टूटी काँच के कंगन, चूड़ी दिख जाते
डूब जाता पास के शिव मन्दिर का स्रोत

बौद्धभिक्षु संघ की प्रार्थना।

दयानदी, दयानदी
लाखों विधवाओं की लम्बी उसाँसें
छोटी-छोटी नाव बन
तैर रही हैं तेरे खून की लहरों में
किनारा भरा खून सनी मिट्टी से
फिर भी धुल नहीं गया है
सम्राट का पश्चात्ताप, उपगुप्त की वाणी
श्रमण के मन्त्र उच्चारण
सालों साल के बरसात और बाढ़ में।

दयानदी, दयानदी
अमराई में अभी वासन्ती हवा
आम मंजरी और कोयल की कुहुक
क्या किसी में भी नहीं लग रहा है तेरा मन?
ढूँढ़ रही हो क्या उन अशरीरों को
कहोगी क्या रोती हुई कहाँ जा रही हो उन्हें ढूँढ़ने
पीले इतिहास के पृष्ठ में या हमारे जीवन की
इस गहरी अँधेरी रात में?

क्षणिक, चिरन्तन

1

बस दो दिन के लिए
फिर कोई नामोनिशान नहीं।

आश्विन आने पर देवी आती हैं
खास उनके लिए मेरी नानी
'अरुआ' चावल पीसती, घोल बनाती
आधी रात तक
टेढ़ी पीठ को अपने सीधा करके
रंगोली बनाती मिट्टी के दीवारों में
''मनबोध चउतिसा''* को नजरअन्दाज कर
मन को दृढ़ करती।

मिट्टी गोबर से लिपी दीवारों पर
जंगल के मोर नाचते, पूँछ फैलाकर
लता फैलती, फूल खिलते
विश्वास नहीं होता वह कमजोर हाथ
कैसे पंखे की तरह काम करते जाते,
उन दुर्बल उँगलियों में कहाँ
इतनी कल्पना छुपी रहती।

*मध्ययुगीन एक खंड काव्य जिसमें जीवन-मरण का मुख्य रूप से वर्णन किया गया है।

कुछ दिन बाद
चित्रोत्पला के रेत पर उसकी चिता जलती
उसके पीछे-पीछे दीवारों से
जंगल में उड़ जाते मोर के झुंड
सारी लताएँ, सारे फूल
मिट्टी की दीवारें चिकनी हो जातीं, सुनसान हो जाता
फिर एक बार मिट्टी गोबर से लिपाई हो जाने पर।

2

कार्तिक महीना, पंचक
तुलसी चौरा पर चौक भरती माँ
किस्म-किस्म के रंग, किस्म-किस्म के चित्र
कमल की खिलती पंखुड़ियाँ,
छठवीं कक्षा की ड्राइंगकॉपी में
कठिनाई से बनाये गये मेरे चित्रों को
धीरे-धीरे उकेरने में वह जुट जाती
ऐसे कि मानो वह चित्रवीथि है हमेशा के लिए।
लम्बे बाँस के शिखर पर झूल रहे
मिट्टी के हांडी के उस छेद के भीतर से
आकाशदीप उन चित्रों को निहारता
रात भर निर्लिप्त जलता रहता।

रंग-बिरंगे अल्पना की चित्रमाला
बस आज है कल नहीं
कुछ दिन बाद माँ भी नहीं होती
उसकी दोनों आँखें
आकाश में झिलमिल तारा बन
हमारे हानि-लाभ तबीयत के बारे में पूछतीं
देर तक हमें निहारतीं।

3

कोमल शिशिर और हल्के कोहरे को
साथ में लेकर
हर साल की तरह मार्गषिर आता
हर गुरुवार को कोने वाले कमरे में
कलशा बैठाया जाता
माँ भले नहीं होती
उसकी बहू ठीक मेरी नानी जैसी
आधी रात तक अल्पना बनाती।

सुबह देखता हमारे घर में
स्वयं लक्ष्मी ठकुराइन पधारी हैं
बरामदे से बैठकी तक
सारे कमरों, सारी अलमारियों तक
छोटी नतिनी की तरह पाँव धरती
चली है,
बैठी हैं छोटी खटुली पर
नये धान से भरे कलश पर
लपेटकर लाल पीताम्बरी चुनरी।

कितना कम समय सच!
आज है, आने वाले कल में
उन सुन्दर पाँवों के
नामोनिशान नहीं हैं।

रूप-प्रतिरूप

1

महज पत्थरों से मन्दिर गढ़कर
उसके चारों दिशाओं में आला बनाकर
हर आले में दिशा के अनुरूप
पार्श्व देवताओं की स्थापना कर
गर्भगृह के प्रमुख देवता की पूजा-अर्चना के बाद
भक्तजन हर पार्श्वदेवता को प्रणिपात करते
गहरे भक्ति से।
अपने मिट्टी के घर के
गोबर लिपी दीवार के
आले में ढिबरी जलाकर
उसके सामने सिर नवाकर भक्त की तरह
बच्चा एक भोर पहर उठकर
आगत परीक्षा के लिए पढ़ाई करता।

2

हाथों में विचित्र वीणा लिए नारद ऋषि जाते हैं
शून्य मार्ग में, विष्णु या किसी और देवता को
गुप्त खबर देने के लिए
मर्त्य मंडल की; या झगड़े के बीज
बोने निन्यानबेवीं बार।।
कितनी ऊँचाई में रस्सा बँधा रहता
उस पर नटनी

विचित्र वीणा की जगह
सन्तुलन के लिए पतला एक बाँस लेकर
इस ओर से उस ओर अनायास चलती
नीचे खड़े लोगों की ऊपर उठी नजरें और तालियों के साथ।

3

सुगन्धित अगरबत्ती जलाकर
सर्वविघ्न विनाशकारी
वक्रतुंड महाकाय, खर्व और गजेंद्र वदन
गणनाथ के सामने
भक्ति से भर प्रणाम कर और मोटी गद्दी पर
खुद आसीन हो
लम्बोदर व्यवसायी एक चिट्ठा शुरू करता
सामने रखे हुए कई दिनों के
हिसाब-किताब को कैसे इधर-उधर किया जा सकता है
सफाई से, मन ही मन आशीर्वाद माँगता
वक्रतुंड लम्बोदर से।

4

महाप्रतापी महिषासुर, पलभर में
मायायुद्ध शुरू करता लेकर कितने छद्म रूप
देवी के साथ लड़ाई करता

कभी राक्षस तो, कभी महिषा
अधः ऊर्ध्व दौड़ जाता पलक झपकते

व्याप जाता आकाश-पाताल
लगा रहता पुराण पृष्ठ पर भीषण समर!

हम भी घड़ी-घड़ी

रूप बदलकर
निर्वाचन के महायुद्ध में
अवतीर्ण होते छद्म भेष धरकर
जादुई शब्द-बाणों की बरसात
गगन-पवन थर्राता
गाँव वासियों की तालियों से।

5

धुरंधर हैं हम, हमारा युग
प्राचीन अन्य युग के साँचे में
एक ही तरह से गढ़ने में
निरन्तर युगों से बहती स्मृति की नदी में
मिल जाती है वास्तविकता
मटमैले पानी की नदी में

पागल

दो अरबी पत्तों की लम्बी गाँठ में
बन्दी कर चुका होता है वह
चिनगारी की तरह
उड़ते जा रहे लाल पतंगे को
पूँछ में उसके डोर बाँधकर
अपने कब्जे में
उड़ाने की कोशिश में रहता।

बूँदा-बाँदी के बाद मेघों के विराम और
घास के मैदान के हरे किनारे से
अचानक आकाश में उगता इन्द्रधनुष
इन्द्रधनुष की पुकार उसके कानों में बजती है
पतंगे को मुक्त करके
आकाश की तरफ हाथ उठाकर वह
देवी लगने सा दौड़ता है।

पीछे से दुनियादारी पुकारती
पुकारते गृहस्थ का तेल, नमक
पुकारती मोटी-मोटी किताबें
जितने सारे जीवन दर्शन
पुकारते सारे नाते-रिश्तेदार
कहते इतना बड़ा आदमी
पगला गया क्या

कोई कभी पकड़ पाया है
आकाश का इन्द्रधनुष?
कितना अद्‌भुत इन्द्रधनुष पकड़ने का है मन।

किसी की भी बात न सुनकर
जी-जान से वह दौड़ता है
कहता, इन्द्रधनुष को जरूर पकड़ा जा सकता है,
खेला जा सकता है, उसे पकड़कर अपने हाथों में
छुआ जा सकता है, सहलाया भी जा सकता है।

वह शख्स कुछ जाना-पहचाना सा लगता है
लगता है जरूर मिला हूँ कहीं उससे
शायद बीत चुके हैं काफी दिन
याद करते-करते याद आता
वह तो मेरा बचपन है।

रिहर्सल

1

कई काम हैं दिनभर के
कुछ नींद से पहले और
कुछ, कुछ देर की नींद के बाद।

जुबान पर धीरे-धीरे उग आ रहे
शब्द एक: नाना,
जो समुद्र के किनारे किस युग का रेतीली भूमि का
करुणाहीन सूर्य के साम्राज्य की प्रजा एक।

अधैर्य, व्यग्र दो लहरें
बढ़ आतीं, टूट पड़तीं उस रेत पर
डुबो देतीं, फैल जातीं, फिर लौट जातीं
समुद्र की नीली निरीहता में, अपने भीतर में
छोड़कर रेत के विस्तार को।

2

पाँच मिनट से ज्यादा समय काटता
गमले के नन्हें-नन्हें पाम के पेड़ों के साथ
उनकी पुकार अमाप लोभ का जो है कारण।
अशान्त समुद्र से आ रही आँधी बनो
उसके सारे पत्ते-टहनियों को हिलाओ
पहले धीरे-धीरे फिर खूब तेजी से

फटे हुए पत्ते को तो पहचानना पड़ता है
कुशलता के साथ, खूबियों के साथ
पंचेंद्रिय के जरिए से।

उसका रंग, उसका गठन, उँगलियों से उसका स्पर्श
उसका शिरा-उपशिरा
चीरना पड़ता टुकड़ा-टुकड़ा
आखिरी में चखना पड़ता आग्रही जीभ लगाकर
बेचारा पत्ता पहुँचता उस अन्तिम परीक्षा में!
छोटी एक चटाई पर कितनी विशाल पृथ्वी!

उसके शिकन से भरे भू-भाग
पहाड़ और उपत्यका
यह सब अतिक्रमित करना कठिन
फिर भी लाँघना पड़ता है
आपदा-विपदा को नजरअन्दाज कर
दूसरी ओर के बैलून, बाजा, पप्पी-खिलौना के लोभ में
क्या आता-जाता है
सौ बार गिरकर सौ बार उठने की जरूरत पड़ने पर!

हमने सुना था स्वयं बड़े ठाकुर को
नींद आती है रत्न के पलँग पर
देवदासी का गीत सुनते आधी रात तक
जानता नहीं था गीत गुनगुनाते
अपने को सुलाना कैसे सम्भव होता है खुद के गीत से।

3

खूब लम्बा रिहर्सल
आगे आने वाले दिनों के लिए
उल्लसित आवेग की लहर होने के लिए।
जितना छोटा हो चाहे

गौर से सारी चीजें देखने के लिए,
ठोकर लगने पर, गिरकर फिर उठकर
कमर सीधी कर चलने के लिए और
खूब अखरने पर यह निर्दयी दुनिया
अपने को सान्त्वना देकर थोड़ा सुलाने के लिए
आँखें बन्द कर थोड़ा सोने के लिए।

अन्तर्धान वे दिन सारे

उस समय तू बनी थी एक नन्हीं परी
सफेद दो डैने चमक रहे थे
लग रहा था असीम आकाश तेरे उड़ान का इलाका।

कभी-कभी हम चिंतित होते मन में
सचमुच उन सुन्दर पंखों को फैलाकर
तू आकाश के अनन्त नीलिमा की ओर उड़ जाएगी
हमें अकेला करके,
धूल-गन्दगी से नहाई
पृथ्वी पर शायद फिर नहीं लौटोगी।

और एक बार तू बनी थी
बौद्ध युग का संन्यासी उपगुप्त
श्वेत परिधान, उज्ज्वल निर्लिप्त आँखें
खोए हुए थे कहाँ कितनी दूर में
हम खूब डर गये थे;
शायद तू सारे बन्धनों को तोड़कर
माँ-पिता दो बहन-भाई
हमारे छोटे से घर के अन्तहीन कोलाहल
इन सब को पीठ फेरकर चली जाओगी
घने जंगल के छोटे से पर्ण कुटीर में
नीरव ध्यान में।

हमारा सारा भय निराधार प्रमाणित हुआ
सच में कितनी जल्दी तू गँवा बैठी
परी के वह दो डैने
उसकी जगह उग आये देवदूत का रूप लेकर
दो और डैने,
दूर की ओर न देखकर तू सम्पूर्ण ध्यानस्थ हुई
सामने की अनगिनत छोटी-छोटी वस्तु घटनाओं में।

दूर वनस्त की पुकार तेरे लिए इन्तजार कर चुप हो गयी
तू खो गयी अलग गीत और अलग सुर में।

श्रृति के लिए

तुझसे ज्यादा कुछ कहना नहीं है,
शर्मीली तू नीरव बैठी रहती दादाजी के पास
मैं भी चुप रहता, मन में मनाता बहुत कुछ
नीरव भाषा में कहता :
जब साँझ का अँधेरा धीरे-धीरे
बाढ़ के पानी की तरह घिर आ रहा होगा
खुद साँझ का दीया एक बनना
अपने को उड़ेल देना तुलसी चौरा के नीचे
नहीं तो उज्ज्वल पूर्णिमा का चाँद होना
और उगना पूर्व दिगन्त में।

स्मित की स्निग्धा किरण
जिसे भी छुएगी,
असमय मलय ग्रीष्म ऋतु में लगेगा उसे
वह हो जाएगा नया मानव एक
लौट जाएगा अपने बचपन में।

इतिहास के आरम्भ से हिंसा, ईर्ष्या में
अलग-अलग मारणास्त्र, बम विस्फोट
क्रोध और प्रतिहिंसा की आग में
जितने सारे लोग हमें छोड़कर जा चुके हैं
मृत्यु के पास माँग रखना और विनती करना
हमारे बीच फिर वे लौट आएँ
हमारे साथ इस मिट्टी के खेल में

शामिल होने के लिए।

यह पृथ्वी बहुत छोटी है
नन्हे कुत्ते के पिल्ले से लेकर
बीमार सिंह शावक तक
गाँव चरवाहे के छोकरे से लेकर
बुड्ढ़े एस्किमो तक
सभी के लिए शुभकामना करना
नक्षत्रों को सुनाना धूल-धूसरित हमारी पृथ्वी की बात
अनुपस्थित सभी देवताओं को सुनाना
मुरझाए फूलों की व्यथा
खुद होना सबसे साधारण
सबसे असाधारण
मक्खन से कोमल और हीरा से कठोर।

धीरे-धीरे समझ जाओगी कि
संसार की सारी भर्त्सना
अपने को पहचानने का रास्ता खोल देती है
कह देती है जो हमारी राह से

अनुराग से ताक रही मृत्यु
हमारे सारे आनन्दों के बीच महकती रहती है।

वापसी

मन्दिर के लिए फिर भी अभी रास्ता बाकी है
कौन जानता है पहुँचने तक
शायद मन्दिर का कपाट बन्द हो चुका होगा
गर्भगृह की सुरक्षा में देवता थोड़ा आराम कर रहे होंगे।

सारी सुबह जंजाल, परिश्रम
अन्तहीन अभियोग गुहार की सुनवाई
दरखास्त ग्रहण
इन सब के बाद ठाकुर को भी विश्राम
नितान्त जरूरी।

कैसा होता अगर हम
आगे की तरफ और कदम न बढ़ाकर
बरगद की जटा में झूला झूल रहे
बच्चों के साथ शामिल हो जाते,
आकाश में जमे हुए दोपहरी के मेघ को ताकते,
पास में चर रही गाय की जुगाली को बिना डरे
अपने को थोड़ा और लम्बा करने की कोशिश कर रहे
इतनी छोटी सी दूब घास की दु:साहसिकता को
समझने की कोशिश करते,
या पलछिन में मृत्यु से भेंट होने के बारे में अनजान
अचानक पर लगे चींटियों के विमान की
राजकीय उड़ान को देखते?

एक साथ बरगद, छोटे बच्चे, मेघ आकाश
पंख लगी चींटी, गाय, दूब घास सभी को
पहचान पाते।

शायद उनके साहस, खिलदंड़ेपन
जिद्दी आत्मविश्वास
अपनी दिनचर्या में किसी रक्षाकर्त्ता के
सहायता न माँगने का सहज अभ्यास,
इन सबसे हम कुछ सीख पाते
शायद उसके बाद यहाँ से चुपचाप
अपने-अपने घर हम लौट पाते।

प्रारम्भिक कैम्प

धूल जमी बहुत पुराने, बहुत व्यवहृत
हमारे असंख्य मान-मनुहार, अत्याचार सहती
क्षत-विक्षत इस पृथ्वी को
पीछे छोड़कर
हम क्या अविश्रान्त लगे रहेंगे
अँधेरी शून्यता के भीतर नये उपनिवेश की
स्थापना के लिए?
हम क्या अनजाना किसी
आखिरी शृंग के आरोहण के लिए
इस अँधेरे पहाड़ की चढ़ाई में
इस पृथ्वी को प्रारम्भिक कैम्प की तरह छोड़ जाएँगे
ढेर लगे, हमारे व्यवहार किये गये
हाट, बाजार, गिरिजा, मन्दिर, क्षुधा-क्षोभ, क्षय और
इन सबका अन्तहीन खेल?

कौन जानता है हमें वहाँ भी सामना करना
पड़ सकता है
उसी कठोर सत्य का, कि जहाँ कहीं भी
जाओ, वहाँ नया नीड़ बनाने के लिए
तिनका-तिनका जुटाना होगा,
नया देवालय गढ़ना होगा
नया श्मशान स्थल तय करना होगा
नये देवता और असुरों का आविष्कार करना होगा

नयी प्रणाली से युद्ध करना होगा
मरना, मारना होगा
नये हर्ष-विषाद को पहचानना होगा?

सबसे बड़ी बात
हमें समय और जगह का समूचा
अत्याचार सहना होगा
और क्षयशील शरीर की बराबर
मरम्मत करना होगा।
अच्छा होता अगर हम जरा बदल जाते
एक बार के लिए बिना कुनमुनाए सोए रहते
विनम्र बन तारों को पढ़ने बैठते।

तुम हो तुम नहीं हो

धुँधला रही मेरी क्लान्त आँखों ने देखा!
हजारों सूर्य, तारा, नीहारिका
कोटि-कोटि ब्रह्मांड के उस तरफ
तुम खड़े हो अकेले
आँखें निबद्ध दूर तक
जहाँ अँधेरा और शून्यता जम्हाई लेते हैं,
जैसे ढूँढ़ रहे हो किसी को उद्विग्न होकर
खड़े हो किसी के इन्तजार में।

तुम आषाढ़ के नये मेघ, नीलमाधव
तुम्हारे नैन कितने सुन्दर
ऋषि के मन को भाने वाले पद्म फूल
महाशून्य के अँधेरे में
चमक रहे हो अपार्थिव रत्न की तरह
कौन हो तुम? लाख कोटि ब्रह्मांड के पालक?
या किसी के विदग्ध प्रेमी।

मैं भी अकेला इस सुन्दर धरित्री के
प्राचीन मिट्टी में खड़ा
जो कहना था कहा नहीं हूँ
पता नहीं शायद वह वर्णन करूँ अगले जन्म में।
लोभी मन लिए, तुम्हें छूने के लिए
हाथ बढ़ाया। बहुत आसानी से तुम्हें

छू पाया पलभर
सिहर गया, चौंक गया, भूल गया सबकुछ
पल एक में। भूल गया सभी जन्म, सभी मृत्यु
द्रुतगामी समय की नदी में,
खुद हो गया महाशून्य, अथाह अँधेरा
अपनी आँखें पद्म फूल।
खड़ा रहा मैं किसके इन्तजार में?
सपने के आखिरी में देखा मैंने
तुम खड़े हो मेरी खिड़की के किनारे
वैसे ही मेघवर्ण, करुणा से भरे
पूरे शरीर में रास्ते की धूल,
बज रही है (तुम्हारे आगमन के लिए)
मृत्यु का संगीत।

हाथ में पकड़े हो उस अँधेरे सुनसान
राज्य से तोड़ लाये, नीरवता से तैयार पद्म एक
कह रहे हो, ''इसे लो, यह तुम्हारे लिए''
हाथ बढ़ाया, इतना पास
फिर भी कितना दूर
सच में मानो आकलन आलोकवर्ष का,
हाथ बढ़ाया बहुत छुटपन में
चंदा मामा को छूने की चाहत लिए
हाथ बढ़ाया था जिस तरह से।

तुम्हें मैंने छुआ था
कोटि-कोटि ब्रह्मांड के शेष सीमान्त में
अपने कमजोर हाथों को लिए
जबकि इतने पास से छू नहीं पाया
या भ्रान्त धारणा दिया है पास को दूर
और दूर को पास का
झूठ-सच कहकर।

फिर एक बार देखा नैनों को विस्फारित कर
तुम अब खिड़की के किनारे नहीं हो
अन्तर्धान पल में
मेरे सीने में मृत्यु और समय का
बीज बोकर।

माँ

जिधर भी देखूँ तू ही तू है
व्याप गयी हो खंड-मंडल समग्र आकाश
चतुर्दिक, ऊपर और नीचे।

पक्षी शावक की तरह ढक रखा है
तेरे नीले आकाश के तन पर
जड़े हैं तारे सारे
चेहरे पर अनभूली हँसी दिखती कितनी
मनोहर।

दोनों हाथ सहलाने में लगे हैं
उत्तप्त और क्लान्त मेरा माथा
उँगलियाँ सहला रही हैं कितने स्नेह से
लापरवाही से बढ़े हुए मेरे बिखरे बालों को।

तू ही माता, तू ही पिता
अपने अमाप किरण से
भर दी हो शक्ति मेरी दुर्बल देह में

शक्ति का आशीष बरसाने लगी हो मात:
दुर्गा देवी आसन में आसीन
मैं कैसे एक दिन होऊँ
बुद्धिमंत, ज्ञानवंत और शक्तिमान

तू भी शाकंभरी देवी पृथ्वी माता
पैर दोनों फैलाकर बैठी हो
तेरे पैरों पर मैं सोया हूँ
बुढ़ापे में बच्चे की तरह
आशीष दे आनन्द से मिल जाऊँ मैं
स्नेह से भीगी उस बरसात की धारा में।

विरोधाभास

हिरन का झुंड खुशी से चर रहा था घास
मृत्यु इतनी पास
खूब ऊँची घास की भीतर छिपी है
उन्हें पता नहीं था।

अचानक मृत्यु की महक नाक में पड़ती
जंगल का राजा, यमराज
थोड़ी देर निश्चल रहकर एक छलाँग लगाता
बिलबिलाकर, छिटककर
सभी प्राण बचाकर दौड़ते
मैराथन प्रतियोगिता में
मौत और जीवन की आत्मरक्षा के लिए।

सभी भाग जाते
पर वह पीछे रह जाता, हिरन का एक शावक
मृत्यु अपने डरावनी दाँतों से काट-कूटकर
खून सने अपने मुँह से, छटपटा रहे शव को
घसीटते हुए ले जाती
अपने तीन शावकों के पास

अधीरता से एक साथ शुरू होता दिव्य भोजन
कोमल हिरन का मांस-कलेजा
सिंह शावकों को खूब स्वादिष्ट लगता

खून चाट जाते
उसकी माँ दूसरी माँओं की तरह
तीनों को स्वर्गिक स्नेह से
आँख बन्द करके चाटती रहती, चाटती जाती

वह क्या दूसरे युग की
भयानक दस्यु
जो बाद में हुआ तेजस्वी तपस्वी?
या स्नेहसिक्त माँ का हृदय
या एकसाथ उभय?

इन्द्रधनुष, सूर्य

1

एकमुश्त झमाझम बारिश के बाद
क्लान्त एक मेघ
नीचे जमे हुए थोड़े से निर्लिप्त पानी पर
एक-एक बूँद पानी छिड़क रहा था।

हर पानी के बुलबुले में जन्म लिया होता
विस्तीर्ण आकाश
उसी आकाश में उगा आ रहा था
सुकोमल इन्द्रधनुष,
देखते ही देखते इन्द्रधनुष को गोद में लेकर
आकाश गायब हो जाता।

ऊपर देखने पर
बुलबुले का आकाश
ऊपर उठकर फैल चुका होता आदिगन्त
गोदी का नवजात शिशु इन्द्रधनुष
अब काफी बड़ा हो चुका होता है
धीरे-धीरे माँ की गोदी को सूना करके
नीले शून्यता में मिट जाता है।

2

चित्रोत्पला के नदी के पानी में
पनकुकरी की तरह डुबकी लगा रहा था
लड़कों का एक झुंड

उसके दूसरी तरफ छोटी-छोटी तरंगें
हर तरंग के सिंहासन में
बैठे होते एक-एक सूर्यदेव
जी भर के उन्हें देखकर
प्रणाम कर उस नैसर्गिक दृश्य को
आकाश की तरफ नजर डाल देखता
स्वयं दिवाकर वहाँ जल रहे हैं धधककर
सम्पूर्ण अकेले और निर्जन शून्य में

पर उनकी तरफ देखा नहीं गया
थोड़ा सा बस दिखाई पड़े मेरी
जुड़ी हुई हथेलियों के फाँक में से।

पहुँच से परे

1

अब आसानी से पहुँच जाते हैं
विश्व ब्रह्मांड की कल्पित सीमा में।

बचपन में हमारी नजरें जहाँ तक जातीं
उतनी दूरी ही थी सबसे ज्यादा दूरी
जहाँ धान की क्यारी, दूर गाँव
नदी का मोड़, ताल का पेड़ और आकाश
सब मिलकर एकाकार हो जाते थे।

अब और अपनी आँखों के
सीमित काँच के जरिए तो नहीं देख रहे हैं
देख रहे हैं कोटि-कोटि गुना शक्तिशाली आँखों से
जिसकी द्रुतगति कितने ना कितने आलोकवर्ष
जो घनीभूत शीतल अँधेरे को
कागज की तरह चीरता है।

2

सारे युद्ध, खूनखराबा विभीषिका
कुरुक्षेत्र, हिरोशिमा हर दिन का विस्फोरण
रथ, गज, अश्व, तीर अणुबम
सब जमा हुआ रखा है
हमारे सीने के नीचे। जल रहा है धधककर

चैत्र पर्व के अग्नि उत्सव की तरह
छुटकारा नहीं खुद से, अपने गढ़े गये
चारों तरफ के चक्रव्यूह से, अग्नि वलय से
रास्ता नहीं है आगे या पीछे की ओर।

उसी लड़ाई के मैदान के किनारे सतृष्ण नैनों से
हमारा इन्तजार कर रहा है
हृदय की छोटी कोठरी!
लड़ना कितना सहज!
अपने भीतर पैदल चलकर
उसी कोठरी में पहुँचकर
नींद में सोना कितना कठिन।

3

पीछे छूट गया है
धुँधले कुहासे में
दिन, रात, साल, पूरा इतिहास
कितने साम्राज्य शहर
ग्रीष्म, बरसात, ठंड
हाथ से गढ़े किस्म-किस्म के नीड़

कस्तूरी मृग रे
लम्बे संसार के पथ में इतिहास
की धूल लाँघकर
घूम-घूमकर कितना क्लान्त!
जबकि तेरी आत्मा का नीड़
वैसे ही खुला पड़ा है
तेरे ही भीतर, नीरव में
तेरे ही इन्तजार में।

कविता

पहली बार कहाँ हुई थी भेंट तुमसे?
नीरव रात नक्षत्रों के मेल में
या साँझ के झुरमुट में हमारे गाँव की
नदी के किनारे?
उसी दिन से दुनियाभर में जहाँ भी जाने पर
कुछ भी करने पर
बछड़े का माँ के पास रहने सा
आप रहती नीली सरस्वती कविता के पास।

तुम झिलमिलाती हो छोटे भिखारी बच्चे की
हमेशा के लिए बन्द पलकों के नीचे
बिखरे हुए पड़े रहते चहुंओर जूही फूल
चाँदनी सा
ध्वस्त शहर के खूनसने रास्ते और
ध्यानमग्न पहाड़ पर
तुम फिर घेरे रहती हो चारों दिशा
उदास गोधूलि की तरह।

सोई रहती मृतक के सूखे चेहरे में
कितना कुछ कहती रहती शिशु की
तुतलाहट में
खिलखिल हँसती रहती प्रेमिका की हँसी में
रोती रहती आत्मघाती के आक्रमण के शिकार

माता-पिता को गँवा बैठे
छोटे बच्चे के बन्द न हो रहे रुदन में।

तुम खिल रही फूल की कली
टहनी में खिलकर हँस रहे
फूल की उत्फुल तन्मयता
टहनी से विदा लेकर झड़ रहे
फूल की असहायता
कभी मुझे ले जाती स्वर्ग में
प्रतीक्षित बैकुंठ में
फिर कभी अकेला कर धकेल देती
रौरव नर्क में
प्रायः सहे न जाने वाले दुःख में, यन्त्रणा में

तुम नारी के हर अंग में, हर मुद्रा में
तुम उन्मत्त चिता की आग में
उसके मलाई से तन के
धूँ-धूँ करते जल जाने के समय में।

जिधर भी नजर डालें
कोटिब्रह्मांड में तुम्हारा ही अखंड विस्तार है
एक बार अपनी गोदी में खींच लेने पर
तुम्हारे बन्धन से फिर नहीं है मुक्ति।

विदीर्ण सवेरा

दसों दिशाएँ उज्ज्वल होतीं
रात बीतती
कौवा, कोयल, बुलबुल
गीत गाना शुरू करते,
खिड़की खोलने पर शीतल मन्द बयार
मेरा बचपन और चित्रोत्पला नदी की लहर
दोनों को गोद में लेकर आता।

आदतन उस दिन भी
सुबह ही सुबह खिड़की खोल दिया।
पर शीतल मन्द बयार नहीं
तेज धूल की आँधी झटके से भीतर
घुस गयी
डरावना श्मशान, जलती चिता
ड्राइंगरूम में भर गये खचाखच।
आँधी में उड़ आये झरे पत्तों सा अखबार
उनके हर पृष्ठ के हर अक्षर के
कन्धों में सर कटी देह,
कटे हाथ-पैर, फट गये पेट
पेट से निकलकर झूल रही अंतड़ियाँ
और देह में लटके स्नायु का जनेऊ
टी.वी. चैनलों में सभी प्रतिमाओं का
चेहरा रक्त से सराबोर
हर शब्द में बन्द न होने वाली आँसू की लहर

सब उड़ गया
उस दूरन्त आँधी में
सुबह का प्रशान्ति मन्त्र
निर्लिप्त आकाश, स्निग्ध परिवेश
सीने के नीचे सहेजा गया भरोसा, विश्वास।

बाहर भाग जाने के सिवा और कोई
रास्ता नहीं था
ठीक घर के सामने नजर पड़ी
कमजोर बीमार कुतिया दूध पिला रही है
पाँच छोटे-छोटे पिल्लों को,
फूल के पेड़ की टहनी में
पंख सिकुड़कर बैठी है चित्रित तितली और
नीले आकाश के व्योमयान का
परिहास करके उड़ता जा रहा है
कितना सुन्दर लाल एक पतंगा।

मोहजाल

महाशून्य का रंग क्या है?
जो भी हो चाहे, कल्पना करके
कुछ ना कुछ रंग लगाकर
उसे अपमानित मत करो
वह तो सारे रंगों के ऊर्ध्व में है।

महाशून्य क्या गीत गाता है?
रवीन्द्रनाथ नहीं जान पाये
कह गये वही गीत गाकर
वह ग्रह, तारा, रवि, शशि को
नीरव कर देते हैं, सुला देते हैं।
उस अनाहत स्वर की कल्पना कर
सूर रचो मत
वह सूर तो सबसे ऊर्ध्व में
असीम नीरवता के हृदय पद्म में

शुक्रवार के नमाज के लिए
मसजिद मत गढ़ो
रविवार प्रार्थना के लिए चर्च मत गढ़ो
उस महाशून्य के मन्दिर मत गढ़ो
कल्पित रूप को गर्भगृह में
स्थापित मत करो
बड़े से और बड़ा और ऊँचा
सुन्दर मन्दिर गढ़ने का प्रयास मत करो

उन्हें किस मन्दिर में भला जगह दोगे
महाशून्य उसी वामन के तीसरे पाँव के लिए
महाप्रतापी राजा को भी जगह नहीं मिली।

वह खुद जगह बनाते हैं सभी के लिए
सूर्य, तारा, ग्रह, नीहारिका
सभी को थोड़ी-थोड़ी सी जगह मिल जाती है,
जगह मिल जाती है उड़ रही तितली को भी
घिसट रहे केंचुआ को, पर
उस जमींदार से थोड़ी सी भी जगह मत माँगो।
कुछ न पाने की हताशा, दुःख वह नहीं जानते
पाकर खो देने के हमारे मनःस्ताप को वह नहीं जानते।
इतना बस, कि दया परवश होकर
देह धरकर हमारे बीच एक बार
आने पर
और फिर इस धूल-मिट्टी की धरती को
छोड़कर जाते समय
ठीक हमारी तरह दुःख और
मनःस्ताप से टूट जाते हैं।

कुछ याद नहीं

कुछ भी याद नहीं
उस पल का, जन्म-लग्न का
अनुपस्थिति, उपस्थिति की सीमा-रेखा का।

कोमल चमड़ी में धरा नहीं हूँ
आलोक का पहला स्पर्श
लम्बे अँधेरे अवसान के बाद,
न खुली आँखों ने सब-कुछ देखा था
वर्णिल विभूति चतुर्दिशा में, पूरी पृथ्वी का,
कानों ने याद नहीं रखा है किस उपाय से
पहुँचे हवा का सुर
सौर गृह की आग के पास ।

सिर्फ सीमा-रेखा एक
नहीं था आया, अभी हूँ
यहाँ निवास कुछ दिनों का
हवा, रोशनी, मिट्टी, इनसान
सभी मुझे छुओ अपने-अपने तरीके से

याद नहीं किसने कहा
अनजानी वर्णमालाओं के अदृश्य
अक्षरों के जरिए, हृदय के स्पन्दन में
''बबुआ रे! अब अपनी आँखों से देखना सब
स्वर्ग-नर्क, सभी में कूद पड़ना

अपने कानों से सुनना आनन्द उल्लास की लहर
हाहाकार, हृदय विदारक हाहाकार
सौ बार राह भटकेगा
अँधेरे उस पुराने घर की सुरक्षा
गँवा चुका होगा
कभी दुःख के सागर में डूब जाएगा तो
कभी सोने का पंख लगाकर
तारा-नीहारिका को छुएगा
संसार में मग्न हो जाएगा
सब-कुछ अनुमान करेगा, सोचेगा
याद करेगा, गँवाएगा,
गँवाकर ढूँढ़ेगा
पाकर फिर गँवाएगा।''

कोई फुसफुसाकर कहता रहा जाने ऐसी कितनी बातें
मेरे कोमल कानों में,
थोड़ा सा भी कुछ याद नहीं
उसी आने वाले मुहूर्त का
शुभ या अशुभ लग्न का
अनुपस्थिति और उपस्थिति की सीमा-रेखा का।

गिलहरी

उच्चाट सुबह
ध्यानमग्न जामुन के पेड़ के हरे पत्ते
नयी छपी मुद्रा सी सूर्यकिरण में
झिलमिलाती

पेड़ की टहनी में एक गिलहरी
लगी पड़ी थी अपने को साफ करने में
नये पत्ते की तरह साफ-सुथरा झकाझक होने
के लिए
उतना जरूरी काम करने के बाद
सूखी हुई एक टहनी को तोड़ रही है।

दोस्त एक तब तक उसके साथ जुट चुका है
दोनों चिं-चां करके आगे-पीछे
दौड़ना-भागना शुरू कर चुके हैं,
दूर से ठीक से अनुमान करना मुश्किल है
यह प्रेम है या बच्चों का खेल
पर यह भी तो कहा जाता है कि
प्रेम एक जाति खेल है
और हर खेल,
ईश्वर की लीला तक, प्रेम संभूत है।

इसी तरह आठ-दस मिनट
बीत जाते हैं

खिड़की से पार जामुन के पेड़ को
मैं मूर्ख की तरह देखता रहा
उसी बीच आतंकवादियों का हमला
और दोनों गिलहरियों का खेल
इतिहास के पृष्ठ में
त्वरित लिखा जाता है।

कुछ और घर जलते हैं
और कुछ निरीह इनसान
टूटे मकानों में, मन्दिरों में
पहाड़ों पर मरे पड़े होते हैं।
दक्षिण अफ्रीका के कोटिपति
श्रीमान सटरवार्थ
महाकाश को उड़ चुके होते हैं
गिलहरी की तरह लादेन एक
गुफा से
और एक गुफा की ओर दौड़ जाता है
जामुन के पेड़ का ध्यान
गिलहरियों का खेल तब भी
भंग नहीं हुआ रहता है।

पेंगुइन

दक्षिण मेरु का सम्राट?
या धीमे कदमों से चलकर ब्याह
के मंडप की ओर जा रही वधू?

झुंड एक निकला था दूर यात्रा पर
उनमें से एक के पास था उसका नन्हा बच्चा
जिसे वह पाँव के ऊपर बैठाकर
धीरे-धीरे पैर घिसटाकर चल रही थी
बच्चा ओढ़े था माँ को
गरम वस्त्र की तरह।

दुर्दान्त बर्फीली आँधी आती है, चली जाती है
बीच-बीच में माँ बच्चे को चोंच मारती रहती
चोंच से खिलाने की कोशिश करती रहती।
उसे पता नहीं था कि
बेचारा बच्चा मर चुका है।

जानने के बाद छोड़ जाती है
मृत शिशु के शव को।
अब चलती साधारण डग भरती चाल
जिस चाल की चार्ली चैपलिन भी
पूरी तरह नकल नहीं कर पाये थे
मृत शिशु विस्तृत बर्फ में सोया रहता।

दूर से वे दिखाई पड़ते
चींटियों की कतार से
तीर्थयात्रियों के काफिले सदृश
फिर इकट्ठा होते एक जगह पर
महत्त्वपूर्ण सभाकार्य शुरू होता
पास के पानी के छोटे गड्ढे में से
और दस-पन्द्रह कूदकर बाहर आते
शामिल हो जाते उस सभा में।

जीवन

जीवन कभी मरता नहीं
जिन्दा रहता है,
कितना भी असह्य
यन्त्रणा, तकलीफ
सन्ताप, क्लेश हो सभी में
गरम कड़ाही के मछली की तरह
भुनकर भी जिन्दा रहता, मरता नहीं है।

जीवन कभी खत्म नहीं होता है
अनगिनत आलोकवर्ष की दूरी पर
टिमटिमाते तारापुंज से
धूल और हवा में उड़ आके
दो पत्थरों की फाँक में
लुक-छिपकर जन्म लेकर
चार इंच की लम्बी लता तक
अपनी-अपनी धारा में जीवन
निरन्तर जीवन कभी खत्म नहीं होता है।

जीवन कभी आशा छोड़ता नहीं
स्वप्न देखने में परदा डालता नहीं,
जख्म से भरी ठूँठी उँगली से
अपने को सहला रहे कुष्ठ रोगी से
किसी की कटार की चोट से
सिर कटे छटपटाते शव तक

तीन महीने के कुत्ते के पिल्ले से
(जिसके पीछे के दो टूटे पैर पूँछ के साथ घिसटते रहते)
शून्य में विलीन हो रहे
नीहारिका तक
आशा छोड़े बिना सपने देखता रहता है।

जीवन कभी डरता नहीं
यमराज, राक्षस, देवता अभिशाप
हाहाकार वीर की हुंकार
सभी को परे हटाकर कैसे एक
अद्भुत शक्ति
कुहनी से धकेलकर उसे
आगे की ओर ले जाती है।

सभी चले जाते हैं

जिसे भी अपनी गोद में खींचकर
दुलार करता
पलभर में वे अपनी-अपनी राह
लौट जाते,
लगता व्यस्त हैं अपने-अपने काम में।

यही जैसे टिमटिमाता वह
भोर का तारा
मेरे देखते-देखते दप से बुझ जाता
और थोड़ा देखूँ, और थोड़ा देखूँ
मन करता रहता।

जैसे वह लाल कलगी वाली नन्ही चिड़िया
जो फुदक-फुदक कर फूल से फूल पर
मधु चुराती रहती, देखते न देखते
फुर्र से उड़ जाती।

फूल एक
कितना सतेज, कितना खिला-खिला
लाकर रखता टेबल की फूलदानी में
अपराह्न तक वह मन मारकर
सो चुका होता।

तुम भी
पहले जितना हँसती थी
बिना कारण से, बात-बात पर
मेरी कमियाँ दिखाकर टाँग खींचती थीं
अब तो चुप रहती हो, कुछ नहीं कहती हो
क्या सहानुभूति से? या भय से?
मेरे अन्दर कुछ और देखने के बाद।

कहीं कुछ अद्‌भुत घटेगा

मेघ बरस रहा है तो बरस रहा है
गरज रहा वज्र, कड़क रही बिजली

सफेद इस वितान में
प्राण तैरते हुए जाते
जितने सारे पुराने दृश्य
बिजली की तरह चमकते अन्तरात्मा में।

धू-धू जल रहा रेल का डिब्बा
कंकालों की शोभायात्रा
प्राण बचाने दौड़ते
बच्चे, बूढ़े, स्त्री
हाथ पकड़कर दो भाई की तरह
बढ़ रहे दुर्भिक्ष, महामारी, एड्स
और अन्तहीन गृहयुद्ध।

पुराना दृश्य? कितना पुराना?
आकाश के चाँद-तारों की तरह
उद्‌भासित आशा-स्वप्न की तरह?
नन्हे बच्चे की आँखों में झिलमिलाते
आगामी कल की तरह?

किसका क्या जाता है इस सबमें,
कल को इतिहासकार पृष्ठ-दर-पृष्ठ

सृजित कर सकेंगे वही स्वप्न, आशा
निर्दय हिंसा, क्षुधा,
क्षोभ, व्यथा, सभी कुछ
अनगिनत खोपड़ी
इकट्ठा हो सकती हैं कांपुचिआ में।
मिट्टी के नीचे से, खाद से मिल जाएँगी
इनसानों की हड्डी
'होलोकॉस्ट' म्यूज़ियम के मॉडल में
नया म्यूज़ियम भी गढ़ा जा सकेगा।

सब पुराना हो जाएगा पहले की तरह
देवदूतों की वाणी
बुद्ध, यीशु, मोहम्मद और गाँधी का उपदेश
सब होगा समाज के तत्वज्ञों का, इतिहासकारों का
नये तथ्यों की खुराक, पीले पृष्ठों पर।

कहकर जाते भला

किसी को भी ठगना तुम्हारे जातक में नहीं था।
बल्कि खुद ठगा जाते थे कई बातों में
पर आखिर में सभी को ठगकर
चले गये वही बिना आइरन किए
चेक शर्ट पहनकर
महाष्टमी के शुभ दिन में

तुम्हारे हाथों के जादू से
बची रही उस ऐतिहासिक पुरानी कार से
उतर आये थे कभी की पुरानी साइकिल पर
उसे लेकर चिलचिलाती धूप में
बेशुमार रोकटोक के बावजूद
घूमते रहते ग्यारह बजे से एक बजे तक
शहर की सड़कों पर।
फिर कुछ दिन साइकिल छोड़कर
चलते थे कुछ-कुछ अक्लान्त कदमों से।

इसलिए हमने सोचा
ज्यादा दूर नहीं गये होगे
अस्पताल के बिस्तर से उठकर!
शायद घर की तरफ गये होगे
क्योंकि उधर जाने के लिए बहुत बेताब थे
लौटने के रास्ते पूरी राह देखा
कहाँ, तुम तो कहीं नहीं थे।

हाथ से लिखा महामृत्युंजय का मन्त्र
रोग शय्या के बगल में,
पहुँचता था मेरे पास भोपाल में
मैंने भी बड़े भाई की तरह उपदेश दिया था
उस मन्त्र को याद करने के लिए, मन ही मन में
जबकि मैं जानता था कभी भी
उस शत्रु को हम जीत नहीं पाएँगे
अद्भुत कौशल है उसका
नक्षत्र से धूल तक व्याप्त है वह चराचर।
सुसज्जित उसकी सैन्य वाहिनी।

पीछे पड़ा रहा सब कुछ :
अनेक स्नेही लोगों की भीगी आँखें
और रोनी सूरत,
ज्ञाति बन्धु, परिजन, आत्मीय स्वजन
प्राचीन शहर के रास्ता-घाट, बाजार, मन्दिर
ठंडा हो रहा सूप, बाँटे जा रहे
ताश के पत्ते,
टेबल पर दवाई की शीशी
हाथ का लिखा असंख्य नोट्स।

पीछे छूट गयी कम हँसी
कम बातों की महक
हमारी हँसी-मजाक, नकल
और नश्वर संसार
अनवरत बरसात में प्रायः उजड़ गया
यह पूजा बाजार।

हमारा शास्त्र कहता यह शरीर
यन्त्र है एक
इसमें आरूढ़ स्वयं भगवान

जिस ओर भी हम चल रहे संसार का
बोझ ढोते हुए
सभी में उनका है निर्देशन।
लम्बे समय से यन्त्र को देखते-देखते
तुम इस निष्ठुर सत्य को
और उसकी सामयिक मरम्मत
अपने बलबूते कर रहे थे जरूर।

अब तो लग रहा है यहीं कहीं हो
परछाईं की तरह हमारे अनदेखे में
तुम्हारे फाटक के सामने
अगर गाड़ी से हम उतरें तो
तुम्हारे चेहरे की झलक दिख जाएगी
ऊपर की खिड़की से।
या हमारा फाटक खोलकर
वह मशहूर एवरेडी टॉर्च जलाकर
पहुँचोगे आकर धीरे से।

तुम्हारे घुमक्कड़ फकीर की
लटकती उस झोली की
वही टॉर्च की रोशनी जलाकर
अगर हम जाएँगे तुम्हें ढूँढ़ने
तो कह जाते भला बढ़ें किस रास्ते
हम किस दिशा में।

मेरे लिए कदम बढ़ाना असम्भव

सुबह
हर गुलाब का फूल एक
रंगीन लिफाफा
उसके भीतर सुगन्धित कुछ अक्षर
सुबह का शुभ उपहार
सब मेरे लिए।

सुबह
चारों तरफ बिखरी पड़ी है, शान्त नीरवता
थोड़ा सा ध्यान देने पर
उसका स्वर सुनाई पड़ रहा है
वह नीरव स्वर
जिसमें तरंगित यह पृथ्वी
जगने से पहले।

आपस में सभी बातें कर रहे हैं;
गुपचुप आवाज में
छिप रहे तारे, पेड़ की टहनी और पत्ते
नदी का पानी, छोटी-छोटी हजारों लहरें
लहरों में तैर रहे तारे और
भोर की सरसराती हवा

सुबह हो रही है
विश्व, ब्रह्मांड, तारा, नीहारिका

झील, नदी, ग्रहों की मालाएँ
इतनी चीजें सजाकर रखे हो
हे विश्वनियन्ता
मेरी नजरों के सामने
कहो देखकर इन सबों को
आसानी से तुच्छ मानकर
तोड़कर बन्धन
तुम्हारी ओर कदम
बढ़ा सकता हूँ?

जा, जाएगा तो जा

जा, जाएगा तो जा
दिल छोटा ना करके, सिर उठाकर जा,
उस दिन जैसे काँपते कदमों से गया था
चौखट लाँघने के लिए
अब निश्चित पाँव बढ़ाकर जा
अन्तरिक्ष के नक्षत्र की ओर।

जहाँ भी जाएगा हर जगह
सुनाई पड़ेगी माँ की पुकार
वह पुकार काँप रही होगी
सुबह की हवा की तरह
कोमल रोशनी के स्पर्श में
घने देवदार की टहनी पत्तों में।

वह पुकार सुनाई देगी
कलश के 'अरूआ' चावल में
सुपारी, आम की डाली में
साँझ के दीये के अनिश्चित कम्पन में
वह पुकार भी सुनाई दे जाएगी
सपने में सुनने की तरह
दिगन्त के पहाड़ के उस तरफ
कोहरे में चाँद के डूब जाने के समय

वह पुकार सुनाई पड़ेगी
ऐसे कि नक्षत्रों की घुटती रुलाई में
परिमित वनाग्नि की तरह जो जलता है
आकाश के घने अँधेरे में।

फिर एक बार रात

फिर एक बार रात
फिर एक बार।
फिर तारा, फिर चाँद, फिर मेघ
फिर एक ताराहीन आकाश
सिर पर।

कौन वह रो रहा है?
कहाँ से रोने की आवाज आ रही है
आकाश से, मिट्टी के नीचे से?
कौन वह कह रहा है
''जंजीर कभी टूटेगी नहीं
मुक्ति कभी मिलेगी नहीं।
एक दिन का वजनी? बोझ ढोते-ढोते
फिर से अँधेरे की तरफ जाना होगा
जख्म को सहलाते।

वह जानता है...
जानेगा नहीं? वह तो अभी ही लौटा है
पैंया-पैंया सुनसान कुरुक्षेत्र के रुदन से
वह जानता है
यह जख्म सूख जाने पर
कल को और जख्म

और-और जख्म
परसों भी।

फिर एक बार ताराहीन रात
रात खत्म होने पर,
सच में क्या आएगा सवेरा?

कवि एक

संसार की लम्बी राह पर चलते-चलते
उसे थकान हो जाती।
त्राण कर्ता से प्रार्थना करता
जैसे फिर आना न पड़े इस संसार में
पड़ने के लिए इसके मायाजाल में।

फिर मन कहता चारों तरफ की
ऋषियों को मोहने वाली
अपरूप शोभा, हँसी-खुशी, संगी-साथी
सब छोड़कर वह जाएगा क्यों
किसी अनजाने राज्य में?
वहाँ क्या मन लगेगा?
नहीं वह बार-बार लौट आता रहेगा
इसकी मोहिनी माया में।

अदृश्य परमात्मा को
स्नेह करता है, भक्ति करता है
परोस देता है हृदय का अशेष स्पन्दन
फिर देखता वह तो अरूप है
उनका पाँव-हाथ कुछ भी नहीं है
साक्षात में अदृश्य हवा।

चारों तरफ रुदन, दर्द का समुद्र देखकर
प्राण रोता है। अपनी मुक्ति ढूँढ़ना

बहुत ही तुच्छ, अर्थहीन लगता
जिन शब्दों का मन्दिर गढ़ रहा था
उसका तिरस्कार करता।
यह सब तकलीफ देखकर
तिल भर भी जो नहीं है विचलित
बादल के पीछे रहने वाले विश्वनियन्ता को
मन भरकर गाली देने के लिए धमकाता।

ऋषि, मुनि, साधकों की तरह
वह ध्यानस्थ हो नहीं पाता है
सड़क के धूल में आकर खड़ा तो होता है
पर स्लोगन दे नहीं पाता है,
स्लोगन खोखले सुनाई पड़ते
शोभायात्रा में सभी के साथ
कदम मिलाकर चल नहीं पाता है।
बहुत गुस्सा आने पर बन्दूक उठाता है
फिर मन कहता
बन्दूक के घोड़े पर उसका दबाव
सम्पूर्ण अक्षम।

दृश्यावली उसे मायावी लगतीं
असंख्य इनसान सोए हैं पूरी पृथ्वी में
रात के अँधेरे की गोद में
ठंडे पेवमेंट में, अँधेरे में
यह पृथ्वी दौड़ रही है बेचारी
सुनाई पड़ रही है चारों तरफ
वीरों का हुंकार और
उसे पीछे छोड़ झर जाती हँसी
कूड़े के ढेर को टटोलता एक बच्चा,
जो उसके पोते की उम्र का है
खूब बड़े-बड़े शब्द

जटिल दर्शन से जो हैं वजनी
उस जाल में धीरे-धीरे
इनसानों की छटपटाहट, निरानन्द जड़ीभूत
भाव देख-देखकर
सचमुच मन उसका मर जाता
अविश्वासी शब्दों से वह घृणा करता
बहुत घृणा करता।

वह प्रार्थना करता
सबसे सरल शब्द मिले उसे
जिसके पीछे दिखाई पड़ता होगा
इनसान का दुःख
शब्द जो कभी किसी से डरेगा नहीं,
यूँ कि ईश्वर से भी
भीतर ही भीतर जो रोता है और
बाहर हँसता रहता विमुख न होकर।

अपनी नाकाबिलीयत का वह राजसाक्षी
शब्दों की चतुराई के बावजूद
लगता अपने को बहुत निराश्रय
गाँधी बुड्ढे ने उस विख्यात कवि से
कहा नहीं था।
आकाश में मुक्त विहंग का विचरण
देखने का भाग्य
कभी भी नहीं था उसकी किस्मत में
उच्चारण अलग बात है
जादूगरी शब्दों के मोहक मायाजाल में
चिड़िया के पंखों के कम्पन का सुर
सुनाई देता भले चाहे एक बार ही सही?
दुःखी उत्पीड़ितों के पीछे
मन मारकर खड़ा होता दोषी की तरह

और प्रार्थना करता
आँसू, क्रोध, आकुलता में
उसके सारे शब्द विचलित
एक ना एक दिन पाएगा अपना
जीवन साथी
उसके पास बैठकर व्यक्त
करेगा सान्त्वना की वाणी।

शब्द मेरे

शब्द मेरे हरिताल पक्षी
घने पत्तों के पीछे छिपकर बैठे हुए
खूब धीमी आवाज में पद्य गाता है
कदाचित किसी को दिखाई पड़ता है।

आगत साँझ और
विषाद की परछाई उमड़कर
उसे मिलकर विषण्ण कर देते
स्वर से सारे उल्लास, सारी आशाएँ
लुटना चाहते।

फिर भी मेरे शब्दों का हरिताल पक्षी
अपने को सान्त्वना देता साक्षी रखता
साँझ की हवा मन मारकर बैठती नहीं
सुनता खून की धार और स्नायु में
प्रत्येक जीवकोष में
गुनगुन जीवन का आदिम संगीत
उस गीत में से एकाध पद्य गाता।

चाँद की रोशनी उतरता
विमर्श धरा पर
विषण्ण मेरे शब्दों का
हरिताल अपने स्निग्ध हाथों से
स्नेह से सहला देता।

उनकी भेंट करवा देने की इच्छा होती है

इच्छा होती है
आपस में उन्हें भेंट करवा देने की।

सुनना कि किस भाषा में
आपस में एक-दूसरे का
स्वागत करेंगे, सम्बोधन करेंगे
असह्य नीरवता में या भाषा में
या धाराप्रवाह लम्बे वक्तव्य में।

दक्षिण अफ्रीका के मार्क सटरवार्थ को
जो अभी लौटे हैं महाशून्य की यात्रा
खत्म करके। अमाप डॉलर देकर
विचलित शून्य अँधेरे में पैठकर
उन्हें मिला देने की बहुत इच्छा है
नब्बे वर्ष की बुड्ढी अमिना से
जो ऊपर चंपेइ के जुआंगपीढ़ा के
गाँव को छोड़कर कहीं गयी नहीं है अब तक
पूछने पर कहती, यहीं जन्म, यहीं मरण
जाऊँगी, जाऊँगी एक दिन इन्तजार में हूँ
यमराज ले कहाँ जा रहा है?
जहाँ कहेगा वह स्वर्ग हो चाहे नर्क
पाँव बढ़ाकर निकलूँगी। कुछ नहीं है डर
सुनी हूँ कि उभय गाँव, स्वर्ग-नर्क
कहीं बहुत दूर है।

इच्छा होती है भेंट करवा देने की
राजा, मन्त्री, प्रतिपाल परिषदों को
पणसगुड़ा गाँव के
पन्द्रह वर्ष के छोकरे माणिया माझी से
जो दिखता मानो हो अस्सी साल का
तस्वीर एक फकीर मोहन सेनापति के वर्णित
उसी नअंक दुर्भिक्ष का।[1]

जो इन्तजार में है कि सरकार की
अनुमति मिल जाए मरने के लिए
क्यों कि कड़ा नियम है
किसी को भी मरने नहीं
दिया जाएगा, भरपेट
न खाकर, न पीकर।

1. नअंक दुर्भिक्ष–पुरी के राजा दिव्य सिंह के राजत्व के नौवें साल 1866 में आया दुर्भिक्ष।

पका फल

पेड़ की टहनी पर पक चुके हो
अब बेलौस सूर्य को नमस्कार कर
टपक जाओ।

कृतज्ञता जताओ उस नभचारी को
जिसने अपनी अग्नि ज्वाला के
कुम्हारशाला से
तुम्हारे गालों में पोत चुका वह
सुन्दर लाल-पीला रंग,
चाहने पर भी मिट्टी के नीचे से
ऊपर की ओर आ रहे ऊर्ध्वमुखी जल
तुम्हारी माँ के सारे लोभ
तुम्हें और कुछ पल
बाँधकर रख नहीं पाएँगे पेड़ की टहनी पर
वापस लौटा नहीं पाएँगे
विगत कल का हरा रंग।

परछाईं चारों तरफ घिर आने लगी है
तुम्हारी माँ उस तरफ रो रही हैं
तुम्हें सीने से चिपकाकर रखी है वह
जानती है जाने का समय निकट है
रात घिर रही है
तारे सारे जलेंगे आकाश में

सुबह होगी, तारे बुझ जाएँगे
तुम विदा लोगे माँ से
जाओगे पुराने रास्ते से,
जिस रास्ते संगी-साथी
सभी गये हैं,
अब सूर्योदय को नमस्कार करो
हँसते चेहरे से टपक जाओ, टपक जाओ।

मांगलिक

स्वर्ग के लुभावने उद्यान में
हाथ पकड़कर घूमते हुए
शायद राह भूलकर इसी मलिन धारा में दोनों
पहुँच गये हों। यह धारा जो पूरी तरह
नहाई है धूल और निष्ठुर नियति में।

फिर भी आकाश अभी भी है
आकाश में लुभावना चंदा मामा
माँ के पुकारते ही टपक पड़ेगा
तुम सबके नन्ही हथेलियों में।

फिर भी नदी-झरना भी हैं।
बच्चों को सुलाने के लिए
यमनकल्याण राग में ख्याल गा रहे हैं
पहाड़ हाथ के इशारे से बुला रहा है
जंगल गहरे आनन्द से ताक रहा है।
अभी भी सुबह चिड़ियों को गीत से झिलमिल
दिन सारे सूर्यकिरणों से उज्ज्वल

माटी माँ की यह सब चीजें तुम्हारे लिए,
कभी-कभार उसके कड़वे फल भी
चखने पड़ सकते हैं,
उसके लिए दुःख न करके
मन मारकर शिकायत न करना
सीख लोगे।

अभी ही तो आँखें खोली हैं
प्रत्युष के शुभ्र सुललित मांगलिक
की तरह
जो तैरता जा रहा है हमारे सूर्यहीन,
अनुर्वर आदिगन्त विस्तृत
भूचित्र पर।

तुम्हारे लिए अब तक
शरद के पौधों
दकदक सोने के गहनों से
सजकर इन्तजार कर रहे हैं,
झड़ जाने की असहाय विदाई मुद्रा में
पत्ते सारे तुमसे कह रहे हैं :
आदरणीय हे नन्हे देवता दोनों
तुम अभी ही पहुँचे हो, दु:ख लग रहा है
हमारा समय खत्म हो चुका है,
हम जा रहे हैं,
पर वादा करते हैं
साल-दर-साल तुम्हारा स्वागत
करने के लिए हम जरूर आएँगे
ढेर सारे उपहार लेकर।

हममें से कोई भी नहीं जानता है
पद्म की कली की तरह
मुट्ठी के खुलते ही
कौन सा जादूगरी मन्त्र
उसमें से बह आता है :
हमारे वजनीदार वर्ष सारे
तितली के हल्के पंख बनकर
आकाश की ओर उड़ जाने को तैयार रहते।

(नवजात दोनों नातियों के लिए, वाशिंगटन, 2004 नवम्बर)

राधा

बाद में जरूर मन को दु:खी
किया होगा कि!
क्यों मन में यह दुष्ट इच्छा जगी कि
उस नटवर नागर का स्वरूप कैसा है
खुद परखने के लिए!

शरमाते हुए वंशी को होंठों से लगाया
उससे कितनी मिन्नतें कीं गाने को वही धुन
जिसने तुम्हारी स्थिति को ध्वस्त-विध्वस्त किया था।
पर एक बार भी क्या थोड़ा सा भी
सफल हो पाए?
पीला वस्त्र पहनकर, सिर पर मोर पंख
होंठों में वंशी, चेहरे पर शरारती हँसी
बिखरा कर
हास-परिहास ठिठोली में अगुवा
उस दुष्ट रसिक को
तिल भर भी समझने में?

क्या कुछ सीख पाये उस
आदतन झूठे के
अकलन झूठेपन से?
एक खुराक भी चखा पाये उसको
उसी के अमृत-विष दवाई से?

गुस्सा शान्त हुआ? इच्छा पूरी हुई?

जरूर सफल नहीं हो पाये
क्योंकि तुम तो हो प्रशस्त खुला-खुला
आकाश
जिसके दुःखग्रस्त गहराई को
ना सूर्य, ना चन्द्र, ना तारा
कोई भी नाप नहीं पाएँगे
और उतनी ही है तुम्हारी
मूल्यवान थाती।

स्नेहपुते क्रोध की दकदक
अनबुझी आग
तुम्हारी अन्तिम थाती है
काले भंवरे के दारुण अवरोध के
बावजूद तुम रहे अनसुँघे अनचुंबित, पहुँच से परे
तुम तो वह ताजा पुष्प हो जो
घृणा करती है
होने के लिए किसी की मन्दिर की देवी मूर्ति।

चाँदनी रात

राजकुमारी नदी, चाँद की किरणों में
गीत गाते-गाते मन को बहलाते
रगड़-रगड़ के नहा रही थी,
सिहर रही थी झिलमिल लहरों में।

ऐसी चंचल चाँदनी रात में
चाँद की किरणों से भीगकर
पंगु की भी इच्छा होती है थोड़ा सा
घूम आने के लिए,
जन्म से एक ही जगह पर
पैर जमाकर खड़ा हुआ पेड़।
चिड़िया और उनके गीत,
जड़-मूल, फल-फूल सब साथ में लेकर
कसमसाता रहता दस कदम घूम आने के लिए

आकाश का चाँद सभी को देखता
पेड़ को, अखबार बिछाकर गहरी
नींद में सोए कुष्ठ रोगी को,
नदी के किनारे की रेत में चमक रहे
चिकनी कंकड़ियों को
और कहता:
तुम्हारा दु:ख मैं सब समझ रहा हूँ।
जानते हो क्या कितना असहाय है

मेरा खुद का जीवन
तैरते बादलों के हल्के आँचल में
मैं छुप जाता
रोज उगकर रोज डूबता
और फिर इतनी दूर से भला
मैं कर भी क्या सकता हूँ
इतना कहूँगा, अधीर मत हो,
शायद यह शनि दशा बदलेगी
दूसरे जन्म में।

उपाख्यान

समुद्र के किनारे हाथ पकड़कर
घूमे बहुत दोनों
लड़की के कोमल गालों में
सूर्य अस्त हुए
रेत के केंकड़े अपने-अपने
गड्ढे में छुपे
नीला आकाश उगा लड़की के
दोनों आँखों के समन्दर में।

लड़का इतिहास का छात्र
बोलता रहा रोमन-फोरम की बात
ढोलबिरा, ओंकारवाट की बात
पगले मोहम्मद तुगलक की बात,
लड़की बोली, हे देखो
कितना सुन्दर पूर्णिमा का चाँद
उग आया है समुद्र के गर्भ से।

लड़का फिर कहने लगा
प्राचीन नाव, सौदागर, वाणिज्य की बात
चेलीतोल, ताम्रलिपि से जावा, सुमात्रा, बाली,
दूर समुद्र पार होकर जाने की बात,
लड़की सुन रही थी या नहीं सुन रही थी
पता नहीं चलता

चटपटा मुर्रा बेचने वाले को बुलाकर
खरीदती
एक ठोंगा खुद लेकर दूसरा उसे देती।
कहती आओ यहाँ बैठें कुछ देर
बस चुपचाप चाँद को देखेंगे
दिल में पर जानती चाँद कितना दूर
वहाँ इनके सीने की तरह
सूखे पत्थर पहाड़
दूर समुद्र के उस तरफ
नाव, वणिक, मणि-मुक्ता का व्यापार।

काफी देर दोनों चुप रह जाते
कहें-कहें सोचकर कुछ नहीं कहते
हाथ पकड़कर घर लौट जाते
कल मुलाकात होगी, वादा करके।

दौड़

हम बहुत कुछ अपना बनाते हैं
जोर लगाकर कमर कसकर
पसीने-पसीने होकर
जी जान से दौड़-धूपकर।

सारी कमाई जमा करते
डाकघर में, मिट्टी के घड़े के पेट के छेद में
बाँस की नली में, चावल की हँडिआ में
गुल्लक में
बेनामी एकड़-एकड़ जमीन में, स्विस बैंक में
कभी-कभी घर के ठाकुर के
पीछे।

हम तकलीफ से कमाते हैं
अँधेरे में काम करते हैं
जितना कर सकते, करते
जो नहीं कर पाते या जो खत्म
नहीं होता छोड़कर जाते आधा करके।
आधी लिखी चिट्ठी, आत्मजीवनी
दूर विदेश में बेटा, पोते-पोतियों की हँसी
छोड़ जाते, छोड़कर जाना पड़ता
लौटा देना पड़ता
तकलीफ से कमाये गये सारे संचय
जाने से पहले, अँधेरे से अँधेरे में।

उदासी जीवन
आज मरे कल को मिट्टी
हमारा सन्देह हमारी दुविधा ही
हमारा जीवन
हमारी अयोग्यता ही हमारा रात-दिन
हमारे रुद्ध आवेग, छुपाई गयी सिसकी ही
हमारे स्मारक, स्मृति चिह्न।
बाकी सब पागलपन
अँधेरे में दौड़ रहे शब्द, वाक्य
प्रतिमा, प्रतीकों के कई तरह की
अदाएँ।

जल

हर जगह होता
आग में
प्रेमिका के चुम्बन में
सौ जलघड़े में
कीचड़ में, गो-स्तन में
मातृ-स्तन में
सूर्य देव को अर्पित
अंजुरी के पानी में
राजकुमारी के अभिषेक में
सभी मंगल कलश में
अन्तिम विदाई स्नान में

हर जगह होता है:
कड़ी धूप में
सूख रहे पत्थर की छाती में
दर्द में, आँख के आँसू में
यज्ञकुंड में, आहुति में
मेघमाला में, तारों से झर रहे
शिशिर में।

वह हर जगह
पत्थरों की सीढ़ियों में
फुदक-फुदक कर जा रही

नन्ही बच्ची समान
झील में
अभिसारिका द्रुतगामिनी नदी में
चाँद को चूमने के लिए उतावले चंचल समुद्र में
छत छप्पर से टपक रहे बूँद-बूँद मुंडेर के
पानी में
शहर के निचली बस्ती के नल से
बह रही धारा के इन्द्रधनुष में
फटी फ्रॉक पहने पानी की बाल्टी लेकर
घर लौटती लड़की की उदास आँखों में।

जल
जन्म में, जीवन में, प्रेम में, मरण में।

तुम्हारा अभिशाप ही

होश सँभालने के दिन से
माता-पिता के उपदेश अनुरूप
तुम पर अथाह विश्वास, अटूट
भरोसा रखता आया हूँ।
कहो, रखा हूँ या नहीं?
गोसाई, तुम तो अन्तर्यामी हो न!

धीरे-धीरे उस भरोसे में
विश्वास बढ़ा है
नीड़ बनाया है हृदय में, जीवकोष में
बहने लगा है खून की धारा में, स्नायु में
और तुम कैसे इतना निष्ठुर हो सकते हो
कि मुझ पर रत्ती भर भी भरोसा
नहीं कर पा रहे हो
विश्वास नहीं कर पा रहे हो?

परीक्षा तो ली है कई तरीकों से,
खूब खराब तो अपने जानने में
मैंने किया नहीं कुछ भी
खूब अच्छा ना किया हो तो भी
पास तो हुआ होऊँगा
चाहे तीसरे दर्जे में।

तुम्हारा अभिशाप ही मेरा एकमात्र
परिधान, वसन, भूषण
अगर बेढंगा नजर आ रहा है यह
मिट्टी का घट
उसके लिए यह नाचीज भला क्या कर सकता है।
फिर एक बार नाप लेकर
उसी के अनुसार
प्रभु दो अपने अभिशाप का वसन
इन्तजार कर रहा यह अकिंचन।

ठीक है तुम्हारी पृथ्वी की
मैं हूँ सबसे क्षुद्र सृष्टि
कहाँ चन्द्र, सूर्य, ग्रह, नीहारिका
कहाँ दूसरे युग का वह डायनासोर
पर तुम्हारी सृष्टि चन्द्र-सूर्य
मुझे तो वंचित नहीं किया है
अपनी रोशनी से
तारों की पंक्ति, मेघमालाएँ सभी
आशीष की धारा उँड़ेलते रहे हैं
वांछित-अवांछित विचार न कर इस अधम पर।

ऐसे कि 'रंगणी' फूल को
दिन-रात लगकर रंगे हो
अधीर समुद्र को अधीरता का
अभिशाप देकर
बाँधकर रखा है आसानी से
अपनी ही जगह पर
तुम्हारा गढ़ा गया आकाश टूट कर गिरा नहीं
हमारे असहाय जीवन पर।
फिर एक बार सोचकर देखो,

हे, महाबाहु
अविचार शोभा दे रहा है तुम्हें?
इतना थोड़ा सा भी भरोसा रख
नहीं पा रहे हो
अधम के ऊपर? ताकता बैठा है जो
तुम्हारा अभिशाप लेकर
ढक लेगा अपनी देह।

वही तीन बन्दर

गाँव गया था बहुत दिनों के बाद।
सपने में चित्रोत्पला नदी का किनारा,
नदी किनारे विशाल कदम्ब के पेड़ के नीचे
चेन में बँधे तीन बन्दर।
सिकुड़कर बैठे हैं ठंड में काँपने सा
नदी, नदी का पानी, लोगों का
आना-जाना देख रहे हैं।

उनमें से एक ने अपने दोनों कानों
को बन्द कर रखा है जोर से
कुछ नहीं सुन रहा है।
ना तो कदम्ब की टहनी पर गाती चिड़ियों का गीत
ना खेत में धान चुन रहे किसानों का
संगीत
ना ही गाँव के रास्ता घाट पर
बच्चों का रोना
ना ही नदी में नहाकर
एक-दो बुजुर्गों के सूर्य नमस्कार का स्त्रोत
ना बस्ती में सप्तशती चंडी का पाठ,
दशहरा का मांगलिक वाद्य, कुछ भी
नहीं सुन रहा है।

दूसरा दोनों आँखें बन्द रखे हैं

हथेलियों से।
कुछ भी नहीं देख रहा है।
नदी के पानी में पानकौवे की
तरह डुबकी लगा रहे बच्चों के झुंड,
सनसन करते उड़ते जा रहे
आश्विन के सफेद बादल
कदम्ब के पेड़ पर लटक रहे
निर्वाचन का पोस्टर
झोंपड़पट्टी, आधा टूटा मन्दिर
कुछ भी नहीं देख रहा है यह सब,
देखने से देख रहा होगा काला मिचमिच अँधेरा।

तीसरा ऊपर वर्णित सब
दृश्य देख रहा है, शब्द सारे सुन रहा है
पर मुँह में हथेली दबाकर निश्चुप
ना बच्चों की तरह बच्चों के पीछे
मारने दौड़ रहा है
या किसी के हाथों से केला छीन
ले रहा है
ना ही गुस्से से खोकिया रहा है,
हुंकार भर रहा है
ना ही साथी के शरीर से
जुँएँ बीनते हुए
स्नेह से अबूझ कुछ बोल रहा है।

तीनों में से कोई एक भी
बँधे हुए चेन को खींच नहीं
रहे हैं।
मुक्त होने के लिए खींचातानी नहीं
कर रहे हैं

बैठे हैं चुपचाप, शिष्ट बच्चे
खुश प्रशान्त

महात्मा जी ये तीन बन्दर क्या
प्रतिनिधि तुम्हारे आदर्श के
या मानुष-बन्दर हमारे समय के?

समय देना पड़ता है

समय देना पड़ता है सभी को,
आकाश में चाँद देखने के लिए
देखने के लिए
मचान पर चढ़े तोरी के फूलों को।

समय देना पड़ता है
कोयल को, बीरबहूटी को, नक्षत्रों को
झर रहे पत्तों को
अभी-अभी आँखें खोले हुए पत्तों को।

समय देना पड़ता है
लड़ाई में हार गये साँड़ के सींग से
झर रहे खून की धार को
नातियों के सुमधुर हँसी के झरनों को।

समय लगता है सहला देने के लिए
जीवन ढूँढ़ दे रही देह और आत्मा के जख्म को
प्रति मुहूर्त जीने मरने को
कारण न समझने पर भी
खिड़की से पार आकाश को देखते हुए
ढरक आ रहे आँसू को।

मृत्यु ऐसा साथी है कि

बिना खबर के किसी भी पल
पहुँच सकती है
सबसे ज्यादा समय देना पड़ता है
धोती-कुरता पहन सजधज के
रहना उसके इन्तजार में।

समझना कि ना समझना

बरामदे से देखने पर दिखता है
आकाश में तारापुंज,
उनके बारे में मुझे कुछ पता नहीं होता है
अभी जिन्दा हैं या कल्पना के बाहर
दूर किसी शून्य अन्धकार में मरकर सोए हैं,
वे कभी हमारे पड़ोसी सूर्य की तरह
सूर्य थे या हमेशा से मरे हुए लोगों की आँखें।

ठीक है उस दूर-दराज की बात
अभी समझ न आयी हो
पर कोशिश करके भी भला कहाँ अभी
समझ पाये हैं
सामने सड़क की धूल को, बाँस के जंगल में
तारों की तरह झिलमिलाते कीड़ों को और
बाल्टी में नल से पानी ले जा रही
नन्ही सी लड़की को,
या दिनभर गीत गाते-गाते
थककर सो गयी कोयल को?

अब क्या फर्क पड़ता है
मेरे समझने या न समझने से?
नक्षत्र, जुगनू, सड़क की धूल,
झर रहे नलके के पानी की आवाज
मिलकर सभी एक सुर में अपना संगीत गाते रहते
चुपचाप काव्य रचते रहते।

रात-दिन

सूर्य अपनी रश्मिमालाओं को
इकट्ठा पोटली में बाँधकर
जाते न जाते, आलसी अँधेरा
अपना बिस्तर बिछा देता है
पूरे भूचित्र पर
बाल खोलकर बिस्तर पर लेट जाता
सिर रखता पहाड़ के तकिया पर
पैर फैलाता समुद्र तक।

नींद में वह सपने क्या देखती?
सिर पर टिमटिमाते साहसी तारों को
या इतने बड़े चंदा मामा के
उगने और अस्त हो जाने को?
बेशक ससुराल में नयी वधू की तरह
वह खूब जल्दी रात बीतने से पहले
उठ जाती
बिस्तर समेटकर रख देती
कहीं छिप जाती।

पेड़-पौधो चिड़ियों के गीत से भर
जाने से पहले
पहाड़, नदी, नदी की मछली, पेड़ की लता
एक के बाद एक नींद से आँखें मलते

उठकर नयी सुबह का स्वागत करने से पहले
सूर्य उगता है।

घास के मैदान में बिखरे हुए
ओस के हीरे के टुकड़ों को बीनने लगते हैं
नयी सुबह सोचती साँझ ढलने तक
क्या-क्या उसे करना होगा,
काम की एक लम्बी सूची वह बनाती
तय करती किसे क्या उपहार देगी,
कुछ लोगों को आनन्द उल्लास
और कुछ लोगों को पश्चात्ताप, हाहाकार
किसी को भयभीत नर्क
और किसी को उसका देखा हुआ
स्वर्गलोक का सपना
गिनती के कुछ लोगों को
इस पृथ्वी के नीड़ से
उनका आखिरी दिन।

बुनकर

बुनकर, रात बढ़ने लगी है
अब ऊँगलियों को जरा आराम दो
थोड़ा सो जाओ।

बुनाई का काम क्या कभी खत्म होता है?
जान चुके होगे की पूरी जिन्दगी
उसके लिए कम है
सिर्फ एक करघे पर बुनना पड़ता है,
रात-दिन।

बुनना पड़ता है उसी पुराने करघे में
पानी की तरह बह जा रहे समय
अँधेरे के साथ आलोक
लाड़ली आशा के साथ,
गहरी काली निराशा को
बुनना पड़ता है
क्रूर वास्तविकता के साथ सूक्ष्म कल्पना को!!
परछा सिर्फ घूमता इधर से उधर
जन्म से मरण
एक अँधेरे से दूसरे एक अँधेरे तक।

हाथ क्लान्त हो जाते
ऊँगलियाँ चाहतीं आराम

तुम देखो सारे जतन के बाद भी
धागा जाते उलझ
गलत हो जातीं बुन रही पंक्तियाँ
कल्पित रेखा और चित्र
खो जाते
और कभी जगह-जगह
धागा टूट जाता।

और कभी गलत रंग का धागा
घुस आता अनचाहे पंक्ति में
उस भूल को सुधारने जाओ तो
और कोई नयी भूल
न जाने कहाँ से
अचानक धक्का देकर घुस आती
तुम्हारे अनजाने में।

पूरा जीवन क्या इतने अनुभव
और असंख्य प्रयत्नों के बावजूद
सिर्फ भूल?
किसके लिए इतना काम?
किसके लिए यह वस्त्र किसके
आवरण के लिए?
सुन्दर सुडौल जीवन के लिए
या कला मृत्यु के लिए?

सिर्फ एक करघे पर
तुम तो बुनते चले हो
(स्वेच्छा से? या किसी के
निर्देश से?)
बुनते चले हो सर्वदा

सारे स्वप्न, सारी हताशाओं को
सारे स्वर्ग, सारे नर्कों को
कल का दिन, आने वाले दिनों को
पूर्वजों की सभी माँगों के साथ ध्यान भी
रखे हो
अनजाने माँग करते नाती-नातिनों को
सर्वोपरि अदृश्य अनजाने उस
अक्रूर शक्ति को।

महँगा समय

घोर अभाव है धान चावल का
अनुपलब्ध है जंगल में कांदा और
किस्म-किस्म की जड़, आम की गुठली।

प्रतीक्षा कर रही है चूल्हे पर हाँड़ी
प्रतीक्षा की है खूब धीरज धर
सभी के पेट की भूख
प्रतीक्षा की है अनुराग से बुलाकर
ले जाने के लिए आये
अशरीर उस पार के व्यक्ति ने
कोई दिव्य रथ वह नहीं लाया है
लाया है बच्चों की टूटी जर्जर 'रजगाड़ी'
स्वर्ग की तरफ लौट जाने के लिए
बहुत उत्सुक

घोर अभाव है, किसी की बात
सुनना तो दूर की बात
दूर की बात है स्नेह, अनुराग
थोड़ा समझना थोड़ा जतन की बात।

व्याख्यान और अर्थहीन शब्दों से
भर्ती होने लगा है
महामहिम प्रतापी जमींदार का
बखार, बखारी बाकी रह गया है खूब

प्रतिश्रुति, प्रतिश्रुति भूलने की करामात
जितने सारे तर्क, प्रति तर्क
कसम दिलाकर पूछताछ चल रही है
मृत्यु देवता के दूतों को
इन अकिंचनों को, अधीनों को
उठा ले जाने का असली कारण
पूछताछ चल रही है,
यूँ प्रजाकुल को ले जाना
संविधान और कानून ने किया है मना;
सिर के ऊपर दिख रहा है महाशून्य
हम क्या उसी ओर देखते-देखते
संसद में, गाँव के मुहाने में सभा और
भाषण में
कार्यकारिणी की कुछ सूची बनाएँगे?

ऊपर से नजर फेरकर
अधमरा यशोमाइ
दर्मु और धरतनी को दोष देता
समय गर्भगृह की ओर देखता रहता
उसके भीतर सूर्य, चंद्र, नीहारिका
कुछ भी दृश्य नहीं होते
अँधेरा घिर आता उसके सीने के नीचे।

सिर्फ सुनाई पड़ता झुंड से लौट रहे
क्लान्त और धूल-धूसरित
''माँ भूख लगी है जोर की
जल्दी कुछ परोस दे अभी।''
बोल रहे किसी की आवाज।

❑❑